本能寺の変
生きていた光秀

井上慶雪

祥伝社文庫

まえがき

茶道研究家である私は、織田信長《おだのぶなが》の茶道具を徹底的に分析することで、あたかも鉱脈を掘り当てたかのごとく、「本能寺の変」の核心に辿《たど》り着いた。そこから実証史学という磁石を片手に彷徨《さまよ》い続けて二十年、やっと自分なりの確証を持てる結論に至り、平成二十五年に上梓したのが『本能寺の変　秀吉の陰謀』（祥伝社）である。

タイトル通り、「本能寺の変」は、すべて豊臣秀吉《とよとみひでよし》の陰謀によって成り立つ事変であって、明智光秀《あけちみつひで》は冤罪《えんざい》を蒙《こうむ》ったに過ぎない。これが私の主張であるが、おかげさまでこの本は多くの支持を集め、今も版を重ねている。

では、本能寺の変で濡れ衣を着せられた明智光秀はどうなったのだろうか。それを論じたのが本書である。ひょっとしたら天海《てんかい》僧正に繋《つな》がるのではないかと思いつつ、さまざまな傍証を頼りに解明していきたいと思っている。

ところがこの度本書を、平成三十年（二〇一八）に出版した四六判から文庫本への改訂にあたり、しかも来年は華々しく『東京オリンピック・2020』の開催、並びにNHK大河ドラマでは、明智光秀が主人公の『麒麟《きりん》がくる』も始まるということで、私も会員である［明智光秀公顕彰会］（大津市・西教寺）の一同も興奮されているようだが、私としては愕《おどろ》きを以て、一言触れなければなるまい。

すなわち《何故今更、主殺しの逆臣・光秀が大河ドラマの主人公になり得るのか？》という、今までの通説に反する流れだからである。

従来のドラマは、「第六天の魔王」と自ら名乗り、しかも権勢欲が強く殺戮《さつりく》も辞さない織田信長像を際立《きわだ》たせて、その度重なる理不尽な仕打ち、折檻《せっかん》に堪え凌《しの》いだ光秀の堪忍袋の緒がいつ切れるのか……その冴《さ》えが脚本家・演出家の腕の見せ所であって、誰が書いても誰が演出してもあの金太郎飴の如く切り口は皆一緒のドラマであったから、またまたこんなものを見せつけられるのかと、実は発表の折からうんざりしていた。

ところが何気なくNHKのブログを覗くと、そうでもないらしい。脚本の池端俊策氏曰く、《本能寺で信長を討った光秀の事件は、江戸時代の思考によって逆臣というレッテルが貼られ、その印象が後世に造られてしまったが……歴史上の英雄たちも、時代によってその人物評が変わって来るものでは……》とのこと。

さらに、

《信長は、最近の研究で見直されている、保守的かつ中世的な側面を強調。また光秀は、私怨により本能寺で信長を討った「謀叛人」のイメージを覆し……勇猛果敢、かつ理知的な天才・明智光秀を、史料にはほとんど残っていない二十代の青春時代から描写していく》

とあるから、多少は真新しい「麒麟児《きりんじ》」の活躍が見られそうである。

だが「二十代の青春」と言い条、実に「謎に包まれた光秀の前半生」であって、本書（31ページ）でもそれに触れているので、実情を確かめていただきたい。

閑話休題……扨々《さてさて》、本題に戻して「光秀天海説」を続けさせていただきたい。

すなわちこの説に対して、しばしば次のような批判を受ける。

《明智光秀が、主君・織田信長を騙し討ちにして歴史を騒《かた》がせたばかりではない。さらに往生際悪くのこのこと生き残って天海僧正を騙り、徳川三代に亘《わた》って「黒衣《こくい》の宰相《さいしょう》」として辣腕《らつわん》を揮《ふる》ったというが、とんでもない話だ。また『徳川実記』に天海入滅は寛永二十年（一六四三）とある。光秀は享禄元年（一五二八）生まれだから、光秀が、天海僧正だったとすれば、光秀天海は一一五歳という勘定になるわけで、現在ならいざ知らずとうてい有り得ない話だ》云々《うんぬん》と……。

しかし天海僧正その者は間違いなく実在していた。そして、その生涯を史料から確認すると、《陸奥国・会津高田出自《しゅつじ》で天文五年（一五三六）生まれの幼名・蘆名《あしな》兵太郎が染衣《ぜんえ》して仏門に入り随風《ずいふう》と称した。比叡山延暦寺に学び天台教学を究めて碩学《せきがく》の座に列し、やがて徳川家光の知遇を得て幕閣に入り黒衣の宰相と称し、寛永二十年（一六四三）に没した》となる。この場合でも一〇七歳という勘定になる。

つまり一〇七歳、もしくはそれ以上の超高齢の僧侶が一人、徳川幕閣に居たことだけは紛《まぎ》れもない事実である。

さらに「光秀天海」を検証していく過程で、さまざまな疑問が氷解していった。

・「関ヶ原合戦」で、何故小早川秀秋《こばやかわひであき》は石田三成《いしだみつなり》を裏切ったのか。

・神君家康公を祀る日光東照宮・陽明門に、何故光秀親子の像が鎮座しているのか。

・松尾芭蕉《まつおばしょう》が「奥の細道」の旅程を終えた翌々年、つまり江戸時代の中頃になって、何故突然《本能寺の変で主君を謀殺した明智光秀はその末路、小栗栖《おぐるす》の竹藪で刺殺された》とする光秀の一代記『明智軍記』が出版されたのか。

・そもそも何故天海僧正は、あそこまで執拗に豊臣家殲滅《せんめつ》を画策したのか……。

これらの疑問を正しく解釈するためには、天海僧正出自の謎と、「本能寺の変」を正しく理解する必要がある。それはつまり、本能寺の変における「秀吉の陰謀」を理解することである、と私は確信している。

限りない傍証の数々から、家康と共に豊臣家殲滅を諮《はか》った明智光秀の復讐《リベンジ》をとくとご吟味いただきたい。

令和元年十一月

井上慶雪《いのうえけいせつ》

本能寺の変 生きていた光秀

目次

第二章　明智光秀から天海僧正への転生、その道程

第三章　徳川幕府中枢との黒い接点

第四章 関ヶ原の合戦と天海

第五章　家康の死を乗り越えて

第六章　日光東照宮と天海

本文図版　J－ART

第一章
明智光秀の生涯を再検討する

●実証史学と傍証史学

「本能寺の変」研究に関しては、私はこれまで「実証史学」を標榜《ひょうぼう》して進めてきた。

その一例として、「光秀は小栗栖《おぐるす》で竹槍に刺されていない」というのがある。小栗栖で竹槍に刺されたというのは、事変百十一年後（元禄四年＝一六九三）に書かれた『明智軍記《あけちぐんき》』と、それより少し前の成立だがやはり事変後三十年以上経って書かれた『甫庵太閤記《ほあんたいこうき》』（一六二六年初版）の創作である。

本能寺の変が起きた時、すなわち天正十年（一五八二）六月に吉田兼見卿（京都・吉田神社の神主）は、自身の日記『兼見卿記《かねみきょうき》』に次のように書いている。

・六月十四日、庚子の条

昨夜向州退散勝竜寺云々、未聞落所

（昨夜、敗残した明智光秀が夜陰に乗じて勝竜寺城を脱出したが、落ち延び先は不

羽柴秀吉の奸計に嵌《は》められた明智光秀（本徳寺所蔵）

明)

・六月十五日、辛丑の条

安土放火云々、自山下類火云々、(中略)向州於醍醐之邊討取一揆、其頸於村井清三、三七郎殿へ令持参云々、

(安土城が放火され城下にも類焼との由。明智光秀が醍醐周辺で一揆衆に討ち取られ、その首を村井清三が織田信孝殿へ届けられた)

さらに、公卿《くぎょう》山科《やましな》言経卿は『言経卿記《ときつねきょうき》』(日記)に、

・六月十五日、

一、惟任日向守醍醐邊ニ牢籠、則郷人一揆〆打之、首本能寺へ上了、

(明智光秀が醍醐付近で一揆の衆に討ち取られ、その首が本能寺で晒《さら》された)

と記している。

すなわち、通説では十四日の未明、坂本城を目指して落ち行く光秀が小栗栖の

竹藪で、農民の竹槍に刺されて憐《あわ》れな一期《いちご》を遂げるのであるが、実際には十五日に醍醐周辺で討ち取られていたことになる。

吉田兼見と山科言経という著名な二人の公卿が、まさか口裏を合わせて記《しる》したわけではない。事実として流れた情報を正確に記しただけである（ただしその首が本物であったか否かは別ではあるが）。

このように、事件当時の記録に基づいて考察するのが「実証史学」である。

しかし、「天海《てんかい》僧正研究」にこの実証史学が成り立つのであろうか。それが私の課題だった。結論から言うならば、天海僧正の研究ではそれは極めて難しいと判断せざるをえない（その理由はこのあと、詳しく論じたい）。

そこで私は、「傍証史学」なるものを創出してみた。

そもそも傍証とは何か？

『広辞苑』には、「証拠となるべき傍系の資料。間接の証拠。『傍証を固める』」とある。

例えば、

・天海僧正が日光山貫主《かんず》に就任し、日光山中興の祖となるのだが、男体山《なんたいさん》、中禅寺湖《ちゅうぜんじこ》、華厳《けごん》の滝などが一望できる景勝地を「明智平《あけちだいら》」と名付けている。
・日光東照宮の陽明門《ようめいもん》を守護する将神像は「明智光秀」と「明智秀満《ひでみつ》」である。その袴《はかま》には明智の家紋である桔梗紋が鏤《ちりば》められている。神君・徳川家康公を祀る御社《みやしろ》なのに、なぜか「徳川四天王」からは選ばれなかった。

このように、間接証拠を集めてそこから歴史の謎を推理するのが「傍証史学」である。

これを手さぐりに、後の江戸幕府の中枢に位置し、「黒衣《こくい》の宰相《さいしょう》」とも呼称された「天海僧正」の謎解きを進めてみたい。

●光秀の没年を確認するために、菩提寺の「過去帳」を見てみる

天海僧正を論じるにあたっては、まず、明智光秀の一生（通説・五十五歳没）

黒衣の宰相・天海の数奇な人生（日光山輪王寺蔵）

を知らねばならない。

滋賀県大津市坂本に、天台真盛宗総本山・西教寺《さいきょうじ》という古刹《こさつ》がある。ここは明智光秀の菩提寺である。

元亀二年（一五七一）織田信長の比叡山焼き討ちの際、この西教寺も災禍を蒙《こうむ》ったが、その直後に築かれた坂本城の城主となった明智光秀は、西教寺の檀徒となり西教寺復興に大きく力を注いだ。

天正年間に大本坊が再建され、その折の「天正年中明智公所造之古木」（大本坊再建にあたり光秀が寄進した梁《はり》などの用材）として銘の入った木材が今でも残っている。また西教寺総門は、坂本城門を移築したものであり、鐘楼台《しょうろうだい》の鐘は坂本城の陣鐘であった。

不幸にして天正四年（一五七六）に、光秀の正室・熙子《ひろこ》が早世してしまう。西教寺の過去帳には、

天正四年十一月七日

福月真祐大姉　明智日向守殿御臺

當寺ニ葬ル廟有リ

とあり、享年四十二歳。また光秀の項には、

初代坂本城主

秀岳宗光大禅定門　征夷大将軍 明智日向守十兵衛光秀公

天正十年六月十四日寂　享年五十五

とある。

この明智光秀一族墓所内の「熙子の墓」の横に小さな五輪の塔があり、熙子の父・妻木《つまき》藤右衛門廣忠《ひろただ》、妹の芳子《よしこ》、弟の妻木三郎四郎の他、坂本城で自刃した後室のお容《よう》の方（伊賀国柘植城主・喜多村出羽守保光《やすみつ》の娘）のものとも伝わっているが、その詳しい由来については定かではない。

通説では熙子の父は、妻木勘解由左衛門範熙《のりひろ》となっているが、これは『美濃国

諸旧記』に間違って記載されたものであり、妻木城十二代城主・妻木藤右衛門廣忠が正しい。

また、司馬遼太郎氏は「明智光秀・一夫一妻説」を主張されているが、『明智軍記』の坂本城落城の折の名場面でも解る通り、間違いである。

《日向守妻室四十八、乙寿丸八歳ナリシガ、静ニ経読、念仏シテ、現世ハ即火宅ニセヨトテ、城ノ内外悉ク火ヲ懸サセ生害シケレバ……》（『明智軍記』巻十）

ここに記されている、猛火の中に乙寿丸《おつじゅまる》を伴い自決したとして人口《じんこう》に膾炙《かいしゃ》された女人は光秀の正室・熙子ではありえない。

坂本城落城は本能寺の変の直後、すなわち天正十年だが、正室・熙子が没したのは、前述の過去帳に記載がある通り、天正四年なのだから。

そこで、ここに記されている側室として適切な存在として、私が喜多村保光の娘「お容の方」を史料の中から捜し出したのである。

また、光秀の妻室は六人ほど数えられる。詳細は「文藝春秋」二〇〇八年十二月号の巻頭随筆欄に載った拙稿「明智光秀の妻」に詳述したが、そこで「一夫一妻説」は完全に否定した。

明智光秀の末裔《まつえい》を売り物にされている歴史家・明智憲三郎氏も、側室の子・於《お》雀丸《ずるまる》の系譜である。もし「一夫一妻説」が本当であったなら、この明智家も存在しなかったことになる。

一方、末子と思われる乙寿丸だが、西教寺には何らの伝承もなく、恐らくお容の方の子と考えられるが、無事に生き延びた伝承がある。「美濃の中洞で成長し、荒深《あらふか》吉兵衛光頼と名乗り、関ヶ原戦に参戦した」とも伝わっている（「荒深家文書」）。天海僧正説にも機縁がありそうなので、後ほど改めて追究したい。

●日光東照宮の雛型としての日吉東照宮

西教寺には、会員千名弱を擁する「明智光秀公顕彰会」がある。明智光秀の事績を正しく広く伝えることを目的とし、毎年六月十四日に光秀公の法要遠忌《おんき》と記念講演会を行っている（因みに平成二十八年度は不肖私が記念講演の役を仰せ付かり、『明智光秀公の歴史的復権』と題して講演させていただいた）。

西教寺は京都駅からアクセスも便利で、京都駅から二十分ほどのＪＲ湖西線・比叡山坂本駅で下車後、バスかタクシーで十分ほどの近距離にある。

この西教寺と並んでいる「日吉大社」の左隣に、天海僧正が建てたという「日吉東照宮」と「滋賀院《しがいん》」がある。

この日吉東照宮は元和九年（一六二三）創建である。一方、日光東照宮は元和三年（一六一七）創建だが、寛永の大改造が一六三四年に行われている。この寛永大改造に先立って建てられた日吉東照宮は日光東照宮の雛型、あるいはテスト版ともいわれている。

●「慈眼」という言葉に隠された謎

大坂冬の陣の後、天海僧正は坂本に法勝寺《ほうしようじ》を創建している。この法勝寺が後の滋賀院となるのだが、法勝寺には慈眼堂《じげんどう》がある。これは三代将軍・家光が寛永年間（一六二四〜四四）に造立したものであり、「慈眼大師・天海大僧正」を祀っ

徳川家光は天海僧正のために慈眼堂を建立した

その背後に巨大な墓石を組んで天海を弔った

ている。

この慈眼堂は日吉東照宮の参道に面して建っており、さながら、日吉東照宮を見守る形になっている。

ここで、天海僧正に関わる「慈眼《じげん》」という言葉を考えてみたい。

そもそも「慈眼」とは、衆生《しゅじょう》を慈悲の心で見る仏、菩薩《ぼさつ》の眼である。徳川家三代将軍・家光が、慈父のごとく慕った天海僧正の遷化《せんげ》に際して慈眼大師の諡号《しごう》を贈った。

さらに、四代将軍・家綱に造営を遺命した自らの廟（大猷院《だいゆういん》）の背後に、亡き天海僧正のための「慈眼堂」まで建立させている（前ページ写真参照）。

一方、京都府京都市右京区京北周山町にある「慈眼寺」には、明智光秀の位牌と木像が安置されている。実にこれが、「明智光秀＝慈眼」を結びつける嚆矢《こうし》といえよう。

このように、天海と光秀の間には「慈眼」が何重にも絡《から》んでいる。この不可解さについても、第六章で詳述したい。

ともあれ、西教寺周辺には「明智光秀＝天海僧正」研究に関する数々の「実証・傍証」が散在する。是非一度、ご散策を請う次第である。

●謎に包まれた光秀の前半生

明智光秀は享禄元年（一五二八）生まれが定説となっているが、定かではない。

出生地は「美濃国・可児郡《かにぐん》明智」と「美濃国・恵那郡《えなぐん》明智」の二説があるが、前者が有力である。

光秀の前半生の来歴はまったく不明である。

光秀と妻・熙子の間には有名なエピソードが残っている。

熙子は土岐郡妻木城主・妻木廣忠の娘で、妹の芳子と美人姉妹で知られていたが、光秀との結納の後、熙子は水疱瘡《みずぼうそう》を患って顔に後遺症が残ってしまう。廣忠は妹の芳子を薦めたが光秀は固辞して、約束通り熙子を妻に迎えたという「愛情物語」。

また、光秀は信長に仕える以前の不遇時代、寺子屋の師匠をして苦しい生計を立てていたが、連歌会の当番の折り、熙子が女性の命ともいえる黒髪を切り売って客をもてなし、光秀の面目をほどこした。光秀はそのことに感涙し、今後は側室を一切持たないことを誓い、生涯それを貫いたという「熙子の黒髪切り売り事件」。

これらには確たる史料がないのだが、伝承として残っているという不可解さが、歴史にはある。

光秀の歴史上の初見は永禄十二年（一五六九）である。前年、足利義昭《よしあき》・織田信長が無事に上洛を果たし、第十五代足利幕府が再興された直後、「三好《みよし》勢」の急襲を受ける件《くだり》だ。

《永禄十二年正月四日、三好三人衆（岩成友通・三好長逸《ながゆき》・三好政康）および斎藤右兵衛大夫竜興・長井隼人らは南方の浪人どもを招集、薬師寺九郎左衛門を先駆けの大将として、足利義昭公のいらっしゃった六条の館（本圀寺《ほんこくじ》）を取り囲み、門前の家々を焼き払って、はやくも寺内に踏み込まんとする勢いであった。そのとき六条の館にたてこもった人たちといえば、細川典厩《てんきゅう》（藤賢《ふじかた》）・織田左近将

監・野村越中守・赤座七郎右衛門・赤座助六・津田左馬丞・渡邊勝左衛門・櫻井与衛門・明智十兵衛・森弥五八・内藤備中守・山県源内・宇野弥七らであった……》（『信長公記』巻二・榊山潤《さかきやまじゅん》訳）

かくして足利義昭・防御隊の精鋭たちが大奮戦し、細川兵部大輔（藤孝）らの応援で三好勢も敗退し、織田信長も急遽《きゅうきょ》上洛して、やがては防御体制も整った二条御所が完成する次第だが、この防御隊のなかに「明智十兵衛」の名がある。これをもって歴史上の初見としているのである。

では、それ以前の明智光秀の来歴はどうだったのであろうか。

●叔父・光安と斎藤家の戦い、そして光秀の苦渋の選択

光秀の父・光綱《みつつな》は美濃国可児《かに》郡《ごおり》（岐阜県南部）にある明智城の城主であり、明智下野守《しもつけのかみ》と呼ばれていたが早くに亡くなった。まだ光秀が幼弱であったことから、光綱の弟・兵庫助光安《ひょうごのすけみつやす》が兄の跡取りとなり、明智家に関わるさまざまな物

を相続した。

この光安の子・明智左馬助光春《みつはる》（『明智軍記』記載）が、狩野永徳描く「雲龍の陣羽織」を颯爽《さっそう》と靡《なび》かせて湖水を馬で渡ったと喧伝《けんでん》されているが、これは『川角《かわすみ》太閤記』に初見の創作である。

また、明智家から斎藤山城守道三《やましろのかみどうさん》の後妻として直る小見《おみ》の方は、光秀の父・光綱と光綱の弟・光安の妹であったといわれている。後に織田信長の正室となる帰蝶《きちょう》（濃姫《のうひめ》）を産むのであるから、光秀と帰蝶は従妹関係になるという伝承も残るが、これも定かではない。

ましてこの機縁から『国盗り物語』（司馬遼太郎）などでは、明智光秀は斎藤道三から我が子同然に育てられた（砲術や戦術も学ぶ）とあるが、あくまでも作家の創作に過ぎない。

また甚だしい創作としては、この小見の方を光秀の実母に准《なぞら》え、夫は戦死したのであろうか、家運を懸けて斎藤道三に再嫁することになり、というものもある。これでは、光秀と帰蝶は異父兄妹となってしまう。この辺から『細川家記《ほそかわかき》』に、「光秀は、自分は信長の室家《しっか》（帰蝶）に縁があって、しきりに招かれているが、大禄を与えようとの誘いに、かえって躊躇《ちゆうちよ》している……」などという記述が出てくるから、驚きである。

美濃守護・土岐頼芸《ときよりのり》の失政も絡み、やがて斎藤道三が台頭してきて美濃を取り仕切る一大勢力となり、明智城もその傘下に置かれる。

道三は長男の義龍《よしたつ》と反りが合わず、ついには骨肉相食《あいは》む抗争に展開する。

弘治二年（一五五六）、道三が将兵・騎馬兵併せて百名を連れて狩りをしていた隙を窺い、義龍は弟の孫四郎・喜平次を殺し、稲葉山城を拠点として父に反旗を翻《ひるがえ》した。道三は抵抗することができず六十三歳で討ち死にしてしまう。

この時、明智光安は道三の恩義に報いるため、明智城に立て籠もって義龍と数カ月戦った。しかし、衆寡敵《しゆうかてき》せず、義龍の大軍に城を枕に討ち死にを覚悟した光安は、ともに死を覚悟している光秀（当時二十五歳）に、

「お前は土岐家の流れを汲む清和源氏の末裔《まつえい》である。武士はただ死ぬことを名誉とせず、耐え忍んで再起を図るべきだ」

と諭し、自分の子である光春と、甥の光忠を光秀に託した。光秀は仕方なく光安の言うことに従い、自分の妻である妻木《つまき》氏とともにその地を遁《のが》れると、諸国を

巡り歩いて長崎（福井県丸岡町）に辿り着き、称念寺《しょうねんじ》の住職に知り合いがいたため、そこに家族を預けた。

光秀は、それからも多くの国における政治や人々の暮らしについて調べていたが、越前の太守・朝倉左衛門義景に仕えた後、織田信長の招きに応じて家臣となった。

つまり光秀は、越前・一乗谷の朝倉義景の禄《ろく》を食《は》む時期があったが、微禄であったといわれている。

●足利義昭と織田信長の間を取り持ったのは誰だったのか

光秀がまだ朝倉義景に仕えていた永禄九年（一五六六）、足利幕府再興を目指す足利義昭一行が朝倉家に流寓した。そして当の朝倉家のみならず、上杉謙信や有力大名に対して「義昭上洛供奉《ぐぶ》」の令を発した。令を発せられたほうは、それぞれ事情があり逡巡するが、光秀が御側衆筆頭の細川藤孝に織田信長との折衝を申し出て無事に纏《まと》め上げた。——巷間、そういわれているが、私はこの通説は取らない。

足利義昭と織田信長の関係を纏めた主役は、あくまでも細川藤孝である。

細川藤孝は十二代将軍・足利義晴《よしはる》の後胤《こういん》とも噂された御仁《ごじん》で、十三代・足利義《よし》輝《てる》に仕えた将軍側近の御供衆《おともしゅう》であった。ところが永禄八年（一五六五）五月、義輝が三好三人衆らに暗殺されるや、義輝の実弟で奈良興福寺一乗寺門跡だった覚《かく》慶《けい》を幽閉の身から救い出して還俗させ、義秋（義昭）と改めて各地を流寓しながら、将軍就任のスポンサー探しを始めたのである。

ここで、通説では前述の明智光秀が一役買って出て、足利義昭と織田信長を結びつけるのだが、事実はそうではない。細川藤孝がすべてを取り仕切っていたのだ。

織田信長研究の第一人者、谷口克広氏の著書からも読み取ることができる。

「足利義昭の上洛に関して、優柔不断な朝倉家を見限り、上杉家、織田家に絞り、信長との接渉はこの細川藤孝が担当し（和田惟政が補助）、永禄九年三月以来、しばしば義昭の上使として尾張に行っている。一方、上杉家に対する接渉

は、大覚寺義俊がしている……」(『織田信長の外交』祥伝社新書)

織田信長は永禄二年に上洛して、足利義輝に拝謁している。信長と藤孝は、その時に面識があったのである。織田信秀・信長父子は、尾張の守護職を目論んでいたのか、朝廷や幕府に近接して莫大な寄進をしている。

やがて紆余曲折の経過を経て藤孝は朝倉義景を見限り、信長に次期将軍候補・義昭上洛の援助を要請、両者間で上洛が実現したのである。

●光秀と信長の最初の接点

天正十年(一五八二)六月十七日の『多聞院《たもんいん》日記』で著者・長実坊英俊《ちょうじつぼうえいしゅん》が光秀の討死にを知って、

《細川ノ兵部大夫《ひょうぶだゆう》カ中間《ちゅうげん》ニテアリシヲ引立之……》

すなわち「光秀は細川藤孝の中間だったのを信長に引き立てられたのに恩を忘れ、天命かくのごとし」と蔑《さげす》む件《くだり》がある。

またフロイスの『日本史』でも、「彼はもとより高貴な出ではなく、信長治世の初期には、公方様《くぼうさま》の邸の一貴人兵部太輔と称する人に奉公していたのである」とあるから、光秀は細川藤孝の足軽・雑用係りの中間（小者《こもの》）として仕えていたらしい（史料価値としては乏しいが『老人雑話』にも同様な記述がある）。

ところが義輝暗殺事件が勃発して、主家の藤孝が義昭に供奉して諸国を流寓することとなり、臨時幕府内の人手不足からか、藤孝の従者から幕府の足軽衆に登用されたのであろう。

そして世にいう「永禄六年諸役人附」に登用の足軽衆の末尾として記されている「明智」が光秀とされるのであるが、それは十三代・義輝の時代ではなく、後の十五代・義昭の時期である。

さらに「続群書類従」所載の【立入《たちいり》佐京之亮《さきようのすけ》入道隆佐記】に、「美濃国住人土岐の随分衆也（将軍の側近衆）明智十兵衛尉」とあることからも証左されよう。

では、明智光秀はどうやって織田信長と係わり合えたのか？

細川藤孝によって成立した足利義昭と織田信長の路線を円滑に進捗させるべく、現代的にいえば「幕府側」から「信長側」に派遣されたエリート出向役員みたいなものが光秀であり、光秀は幕府側の「申次《もうしつぎ》」(外交官)として機能していたのである。

つまり光秀は、当初は幕府の禄《ろく》を食《は》む出向役員だったのだ。だから初期の記録によれば、信長は光秀に「殿呼《どの》び」をしている。

その一例を挙げると、永禄十三年(一五七〇)一月二十三日、義昭・信長間が不穏な状態になった際に信長が義昭を糺《ただ》した「五カ条の条書」である。信長側の署名は「朝山上人《あさやましょうにん》(日乗《にちじょう》・政僧)」であるが、義昭側の宛先は明智光秀との連名の名義人になっており、しかも光秀には「明智十兵衛どの」と殿書《どのがき》がしてあった。その書類に、足利義昭も了承の袖印を渋々と捺《お》している。

また前述のフロイスの『日本史』に、

「(光秀は)その才覚・神慮さ・狡猾《こうかつ》さにより信長の寵愛を受けることとなり、主君とその恩恵に利することをわきまえていた」

とある。この文章は「本能寺の変」の直後に書かれたものであるから、「狡猾さ」は割り引くとしても、当初から信長・光秀間では、ただあてがわれた出向役員の関係だけではなかった。光秀の資質を信長が自然と見抜き、政務・軍事面できちんとその役割をこなす光秀を、信長は己が軍団の正式役員に組み入れたかったのであろう。

●信長と光秀は、見事な主従関係だった

「比叡山焼き討ち」から「本能寺の変」直前までの信長・光秀間には、不協和音が一切聞こえてこない。それほど二人の関係は良好だった（その詳細は拙著『本能寺の変　秀吉の陰謀』に記した）。

信長と光秀が巡り合ってから、ほぼ時を同じくして死ぬまでの十四年間は、文字通り信長を語ることとは光秀を語ること。光秀を語ることとは同じく信長を語ることであり、まさに両者が表裏一体となったアイデンティティー（自己同一性）を持ち、また類《たぐい》まれなほど見事な主従関係であった。

しかし、世間のイメージは異なる。二人の間には不協和音が響いていた、とな

るようだ。

そして太陽が東から昇るがごとく、ごくごく当たり前のように、天正十年（一五八二）六月二日早暁、信長が宿泊中の本能寺を、光秀が一万三千の兵で囲み、主君・織田信長を謀殺したと、四百三十七年間も語り継がれてきた。

この「本能寺の変」の定義に関して、これまで数多《あまた》の歴史研究家・作家諸氏が「明智光秀の謀叛劇」として書きまくってきたのは周知の事実である。

●信長殺し、光秀の動機とは？

ではなぜ光秀が主君・信長を討ったのか。その動機は何か？

ここにその理由の「定番」がある。すなわち、NHKの人気番組だった『その時歴史が動いた』の常套説《じょうとうせつ》、松平定知キャスターの語りである。引用してみよう。

《徳川家康饗応《きょうおう》の接待役を明智光秀は不興を買い罷免《ひめん》され、毛利軍と戦う羽柴秀吉の許に駆け付けて加勢せよと命じられた。そして『丹波・近江は召し上げ、出雲《いずも》・石見《いわみ》は切り取り次第』の上意が出される。この理不尽な国替え、そして秀吉の部下にされた屈辱。それは今まで信長に尽くしてきた光秀にとって許しがたい仕打ちであった。そこに信長を亡き者にしようとしていた黒幕が、この光秀の動揺に目を付けて、光秀の肩を押したのである》

（二〇〇四年四月二十一日放映。『信長暗殺を命じた男＝新説・本能寺の変　浮上した黒幕』。この番組では三重大学・藤田達生氏の「足利義昭黒幕説」であった）

これが「本能寺の変」の、まったくの定番中の定番であるといっても決して過言ではない。ほとんどの大河ドラマでもこの式次第に則《のっと》ってドラマが進行する。だから金太郎飴のように、誰が書いても、誰が演出してもその切り口は一緒なのだ。

では本当に光秀に、家康饗応の失態があったのか。

実はこれは、事変から四十年後に世に出た『川角太閤記』にしか載っていない記述である。

また、こんな理不尽な国替えの上意を信長が発令したのか。

これも事変から百二十年後に書かれた『明智軍記』にしか載っていない記述である。

つまり、両書のまったくの創作ともいえるのだ。

そこでたまりかねた私は、当時のNHK・橋本元一会長に拙著を送るとともに、『川角太閤記』『明智軍記』のみ記載の「不可解な上意説」と糾《ただ》したところ、橋本氏から平成十七年七月一日付の鄭重な書状をいただいた。また、同番組担当のチーフプロデューサー氏からも苦しい回答（弁明）を得た。その後、この「不可解な上意説」は、NHK監修の歴史番組では使われなくなったようだ。ただし「大河ドラマ」はいまだにその限りではないようである。

ところで、通説ではなぜ信長と光秀の確執が、かくまでも重要視されるのであろうか。これも作家諸氏や、大河ドラマのディレクター諸氏にとっての共通した常套手段である。とにかく信長の残虐な性格を増幅させてこれでもか、これでもかと光秀を虐《いじ》め抜き、一方光秀は、信長の過酷なまでの不条理な折檻にひたすら耐え抜き、そしていつ堪忍袋の緒が切れて謀叛へと走るのかが、作家諸氏やディレクター諸氏の腕の見せ所となるのだ。

そして本能寺で信長が最後に呻《うめ》くように呟《つぶや》く「是非に及ばず」が値千金となるように執筆、もしくは演出をするのだ（だが残念ながら信長は、その時「是非に及ばず」を言っていない。この件は後述する）。

●事件のはるか後に書かれた二冊の記述がすべてを決めた

本能寺の変とは何だったのか？

実像とは異なり、本能寺の変後すぐに羽柴秀吉が御伽衆《おとぎしゅう》の大村由己《おおむらゆうこ》に書かせた『惟任退治記《これとうたいじき》』に端を発し、『信長公記』に起因して、『川角太閤記』で潤色され、『明智軍記』で完成されたものが江戸中期に定着したのだ。

さらに、当時識字率世界一だった江戸には貸本屋が七百～八百軒あって、「黄表紙物《きびょうしもの》」が大流行した。本能寺の変に関して、戯作者《げさくしゃ》たちが腕を振るって面白おかしくでっち上げたものが現代にも伝承されているのである。

論より証拠、「徳川家康饗応の失態」から「信長上意の理不尽な国替え」「光秀・小栗栖《おぐるす》で農民の竹槍に刺されて落命」に至るまでの数々の歴史的伝承をピックアップしていくと、「本能寺の変」の偏《かたよ》った歴史事象の大半が、『川角太閤記』と『明智軍記』の二冊から出来《しゅったい》していることに気付き、唖然とするのである。

明智光秀研究の最高権威者の一人である高柳光壽氏が、その主著『明智光秀』八章の冒頭で、

「信長は天下が欲しかった。秀吉も天下が欲しかった。光秀も天下が欲しかったのである」とはっきり規定してから、俄かに「天下待望論」が顕在化《けんざいか》し、同学の士・桑田忠親氏との有名な論争に至るのである。

つまり光秀の天下取り（信長謀殺）に対する、高柳氏の「光秀野望説」と桑田氏の「光秀怨恨説《えんこんせつ》」とが激しい火花を散らすわけだが、この論争自体も今となってはかなりアナログ化してしまっているようだ。

高柳氏曰《いわ》く、光秀はあくまでも信長の家臣に過ぎないので、たとえ下剋上の世の中とはいえ主殺《あるじごろ》しの天下取りは、極まりなく不条理であり、天下の大罪人として赦されるべきではないというのだ。

だが秀吉になるとこれまた別の次元で、いち早く「奇跡の中国大返し」を敢行

し、主君・信長の弔い合戦に勝利したのであるから、本来は（織田）信雄《のぶかつ》・信孝《のぶたか》のいずれかを立てて主家の再興を図るべきであるが、「事、此処に至っては秀吉も天下が欲しくなったのはやむを得ないのである」と、高柳氏は宣《のたま》うのである。

だが高柳氏の秀吉の「天下取り論」はさておき、《光秀も天下が欲しかったのである》とする、「光秀天下取り」への野望説は論外である。

それはあたかも、将棋でいえば、名人位に挑戦した棋士が名人位保持者に勝ち名人位を獲得したかのような、ボクシングでバンタム級チャンピオンに挑戦したチャレンジャーが見事にチャンピオンを倒し、チャンピオンベルトを奪取したかのように考えている。

つまり、高柳氏は、信長さえ斃《たお》せば、即、天下が転がり込んでくるような錯覚に陥《おちい》っているようである。

しかし光秀には、天下を取るという環境など微塵《みじん》も整っていなかったのである。

この時点で信長の遺子・織田信雄・織田信孝兄弟が健在であり、信長支配下の柴田勝家を筆頭に丹羽長秀《にわながひで》、滝川一益《たきがわかずます》、羽柴秀吉といった錚々《そうそう》たる武将も控えている。

　しかも、彼等はいずれも合戦歴が豊富で、光秀よりはるかに軍事力も勝《まさ》っているのだ。また、本能寺の変という光秀の快挙（？）に対しても、おいそれと光秀に力を貸すような輩《やから》どもでは到底ない。

　そもそも、史料を渉猟すれば明らかだが、光秀には事変遂行に対する理由もなく、計画も準備もなく、さらに対策もなかった。すなわち、俗にいう根回しや裏工作に類することが一切見受けられない。謀叛という通説は否定せざるをえない。

　また、偶然としか思えない信長の上洛を捉えて、突然、一万三千の兵を動かして実行に移しそして成功したという、誠にもって非現実極まりない事変だった。ところが「本能寺の変」の勃発から光秀の死までがあまりにも唐突であり、かつ急だったので、同時代の人々さえその状況を的確に把握することが大変難しかったのであろう。

　現代の研究者であればなおさらであろう、高柳氏も大いに迷われたようで、

「光秀は、何故信長に謀叛したのか……光秀は、信長の恩義に感謝こそすれ、信長に叛いてこれを弑逆するなどと言う事は、普通では考えられない事。そこで後世、光秀を論じる人々が、その発見に苦しんだらしい。この事がいろいろと揣魔《しま》憶測《おくそく》を生む原因に至ったのである……」

といみじくも宣《のたま》うのである。

しかし、私は独り通史に逆らい、「本能寺の変」とは羽柴秀吉演出の謀叛劇であり、初めに秀吉による「天下盗りの陰謀」ありき。而《しこう》して「山崎の戦」はその方便なりきと、当初から申し上げている。

かくして『本能寺の変　88の謎』『本能寺の変　秀吉の陰謀』など五冊で、「秀吉の陰謀説」を世に問うている次第である。

「明智光秀が私怨により主君・織田信長を本能寺にて謀殺」という通説と、「羽柴秀吉の陰謀による本能寺の変で、明智光秀が冤罪《えんざい》を蒙《こうむ》る」井上説とでは、「光秀天海」の成り立ちに雲泥の差が生じることをご理解いただきたい。

●「南光坊随風」と「光秀天海」

天海僧正について論じるにあたっては、二人の天海が複雑に絡み合ったり、入れ替わったりすることをまず強調しておきたい。

すなわち、会津生まれの「南光坊随風《なんこうぼうずいふう》」と、明智光秀転生と思《おぼ》しき「光秀天海」の二人である。

まず、南光坊天海、いわゆる実在の天海を『広辞苑』で調べると、

「江戸初期の天台宗の僧。南光坊と称。会津の人。南都北嶺《ほくれい》を遊学した後、川越喜多院などに住す。徳川家康の知遇を受け、内外の政務に参画、延暦寺の復興と日光山の整備にも尽力。家康の死後、東照大権現の贈号と日光山改葬を主導。また、寛永寺を創建し、大蔵経を刊行、天海版と称せられる。諡号は慈眼大師。(一五三六〜一六四三)」

とある。

さらにもう少し詳細な概略を付加すると、

「陸奥国・会津郡高田で生まれ、幼名を蘆名兵太郎《あしなへいたろう》。天文十五年（一五四六）十一歳の時、高田龍興寺《りゅうこうじ》の弁誉舜幸《べんよしゅんこう》の手により剃髪、染衣して仏門に入り随風と称した。十四歳にして下野国（栃木県）宇都宮粉河寺《こかわでら》に遊学し、皇舜《こうしゅん》僧正に師事し、さらに比叡山に登り、神蔵寺《じんぞうじ》の実全《じつぜん》から「天台教観」を学んだのが十八歳の時であったという。爾後《じご》、この随風はますます研鑽《けんさん》を積んで、比叡山延暦寺の碩学《せきがく》の徒としてその名を列し、徳川家康の篤い知遇を受け、「黒衣の宰相」として徳川幕府の政務を取り仕切った」といわれている（南光坊随風の出生地である、「会津美里町教育委員会」「同町龍興寺・文殊院」などの解説書より編集、傍点筆者）。

すなわち会津出自《しゅつじ》の南光坊随風が比叡山延暦寺の碩学の徒たる大学者ゆえに、徳川家康が幕閣に招聘し、「黒衣の宰相」として政務を執らせた、ということである。

●天海は関ヶ原の合戦に参戦し、小早川秀秋の「裏切り」を画策した

実は、徳川家康にとって戦乱の機運がいまだ真っ盛りの関ヶ原合戦から大坂夏

の陣あたりにかけて、この「南光坊」なる名が大きく見え隠れするのである。

つまり、この時点ですでに徳川軍の、あたかも参謀の一角を担っていたかのようなのである。

その南光坊が、於福《おふく》（春日局《かすがのつぼね》）の夫の稲葉正成《いなばまさなり》に、その主君・小早川秀秋の西軍裏切りを画策させた。結果的に東軍勝利の大因となり、稲葉正成は江戸幕府開府の最大功労者になる。

また、大坂の陣の発端である「方広寺《ほうこうじ》」鐘銘事件に、南光坊天海が深く関わっていると考えられる（この件は後述する）。

つまり徳川家康と天海の共通のターゲットは、「豊臣家滅亡」にあったと考えられる。

家康にしてみれば、今川義元・織田信長・豊臣秀吉の許に雌伏《しふく》二十年、秀吉没後やっと己が手で天下を掌中に収めるべき好機到来である。

一方、光秀にしても、羽柴秀吉の陰謀によりあらぬ冤罪を受け、一族は霧散した。怨敵・羽柴秀吉が築いた「豊臣家」の滅亡は、光秀にしても、当然同じターゲットである。

そこで家康と光秀の両者が、秀吉没以前の早い時点で邂逅して画策し、まず初期ターゲットとしての「豊臣家」滅亡を具現するために協力した。然る後に、家康が徳川幕府を発足させて、天海は「黒衣の宰相」として盤石な基盤を築き上げていく。

これを前提とすると、天海のさまざまな行動が腑に落ちるのであって、会津出自の（光秀ではない）南光坊随風では、初期ターゲットである「豊臣家滅亡」の理念も必然性も、大きく欠落している。

●「本能寺の変＝秀吉陰謀」でないと、天海の言動に説明がつかない

本能寺の変が、通説通りの明智光秀の私的怨恨を晴らす場だったとするなら、明智一族の滅亡は、光秀の自業自得のなせる結果である。

だから仮に後年「光秀天海」になって逃げ延びたとしても、豊臣家滅亡に加勢するような、秀吉を恨む謂《いわ》れなど微塵《みじん》もないはずである。

つまり、「本能寺の変」が私の主唱する「羽柴秀吉陰謀説」でなければ、「光秀

天海論」は成立しなくなるのである。

また、光秀掃討の弔い合戦にしても、機を見るに敏な秀吉が信長暗殺に慄《おのの》く一同の間隙を縫って逸早く俊敏な行動を起こして光秀を討ち、鳶《とんび》が油揚げを攫《さら》うが如く、天下まで攫ってしまったと喧伝《けんでん》されているが、私が主唱する「本能寺の変＝秀吉陰謀説」では、光秀討伐もまた、秀吉の計画通りの行動だった。弔い合戦をするのが秀吉でなく柴田勝家だった、といった可能性はない。

つまり、「本能寺の変」の経緯はかくかくしかじかであり、一方「天海論」の展開はこれこれしかじかであるといったように論じ分けられるものではない、と申し上げたいのである。

歴史とは流れであり、おのずとそこには「起承転結」の摩訶不思議な因果律が流れているのである。通説の通り、本能寺の変が単なる主殺しに過ぎないのなら、比叡山裡に遁《に》げ込んだ光秀は茶禅一味の境界にでも浸り、また全滅した一族や合戦で散った各将兵の菩提を念じながら、憐れなその一生を終えたことであろう。

本能寺の変における「秀吉の陰謀」こそ、「光秀天海」に繋がる因果応報の素因を生じているのである。

●秀吉の信長暗殺にはこれだけの必然性が

ここでごく簡単に「本能寺の変＝秀吉陰謀説」を要約しておきたい。

本能寺の変が起きず、信長の暗殺もなく無事に「天下布武」が達成していたら、どのような織田幕府が成立していたであろうか？

羽柴秀吉はあらゆる合戦で自分の長所を最大限に発揮してきたが、織田信長が「天下統一」を達成し、長い戦国時代が終わった場合、信長の権力はおのずと途《と》轍《てつ》もなく強固となり、類を見ないほどの中央集権国家体制へと移行したであろう。

家臣のキャラクターをひとつの機能としか見ない信長の徹底した合理主義的政策と、カリスマ的な冷酷さが同居する特異性。つまり「天才と狂気は紙一重」。

また「攻める」から「治める」へと、各種の構造改革も重要な政策となり、朝鮮王朝の「両班《ヤンバン》」、すなわち「東班・文官」と「西班・武官」のごとく、特権的な階級が輩出してくる。そうなれば、光秀のような、武人にして文政面にも優れた人材の重用が織田幕府には重要な課題となるであろう。このことを、秀吉は誰よりもよく理解していた。

しかも、信長・信忠父子が「朝廷」の支配も始めようとしているから、かつて「朝廷」「将軍（足利義昭）」「織田信長」の三者間を取り持っていた明智光秀は不可欠な重臣となってこよう。

一方、天下統一後に柴田勝家、羽柴秀吉、丹羽長秀、滝川一益などの武官に課せられたであろう役割分担は、いかなるものであったのか。

ここで注目したいのは、織田信長が宣教師、ルイス・フロイスに語った、「予は毛利を平定し、日本六十六カ国の絶対君主となった暁《あかつき》には、一大艦隊を編成してシナを武力で征服し、諸国を自らの子息に分かち与える考えである」という「大陸侵攻政策」である。信長は、大陸侵攻でさらなる領土の拡大を狙っていた。

つまり、織田軍団は天下統一後も、戦国時代の終焉《しゅうえん》どころか休む間もなく朝鮮、中国大陸に転戦し、数多《あまた》の屍《しかばね》を異国の地に晒《さら》さねばならないのである（豊臣秀吉が晩年に実行した「朝鮮侵攻」も秀吉の独創ではなく、あくまでも信長のダミーに過ぎなかった）。

とにかく今こそ、この先行き危険な信長を討たねばならない！

これこそが、信長家臣団の誰しもが等しく抱いていた潜在的な「同一性危機意識」であった。

しかし、柴田勝家、丹羽長秀、滝川一益あたりではその実行に踏み切れる決断力など到底ない。人一倍信長の恐慌政治の呪縛《じゅばく》を怖れ、かつ、出生・性格・機知力・独創性・狡猾性・先見性などの環境が整った秀吉にして、初めてその実行に踏み切れたのである。

しかし、信長が毛利を滅亡させ「天下統一」が達成されてしまっては、付《つ》け入る隙など微塵《みじん》もなくなってしまう。

しかるに、天正十年（一五八二）六月の京都は、信長麾下《きか》の軍勢が各地に散って戦っており、ポッカリと穴が空いた真空地帯さながら。残るは軍事休暇中の近畿管領軍の明智軍、もしくは領国拝領御礼で上洛中の徳川家康一行だけである。

そこで明智光秀を囮《おとり》として、定宿の妙覚寺なり、昨年初めて投宿した本能寺なりに信長を誘《おび》き寄せて、事を決行すればよい。

かくして秀吉が光秀を使って実行したのが「本能寺の変」の真相である。荒唐無稽と批判されもしようが、「秀吉の陰謀」を声を大にして獅子吼《ししく》する所以《ゆえん》である。

●『信長公記』の「本能寺の変」記述には多くの虚構がある

『信長公記』の著者・太田牛一には以下のような虚構がある。

まず、太田牛一は本能寺の変当日、京都に居なかった（加賀の松任《まっとう》に在）。したがって、「是非に及ばず」という信長の言葉を聞いていない（現場主義に徹するルポライター精神の欠如）。

実は、元亀元年（一五七〇）の朝倉攻めの際に「金ケ崎退き口《のぐち》」（義弟の浅井長政《あざいながまさ》の謀叛）で信長は、「是非に及ばず」と言って京に逃げ帰っている。つまり『信長公記』の記述は二番煎じに過ぎない虚構である。

また、本能寺・堂宇《どうう》で槍を振りかざして奮戦する信長の映像も全くの虚構である。

しかも約四十九回の上洛中、信長は本能寺にたった二回しか泊まっていない（妙覚寺泊・約二十二回。二条第泊・十四回、等々）。本能寺は当時建造中だった大坂城（石山本願寺跡地）竣工までの臨時宿泊先につき、喧伝されていたほどの防御性はなかったのである。

さらに、明智光秀は本能寺の変において、一万三千の兵を持っていない。そして前述の通り、光秀は小栗栖《おぐるす》で竹槍に刺されていない。これは二人の著名な公卿による日記記載から明らかである。

羽柴秀吉の「高松城水攻め」もなかった。工期十二日間で三キロにわたる築堤は全く不可能である。現代技術をもってしても、十トントラック六万四千台分の土量移動が必要で、工期だけでも優に一カ月を要する大虚構であると、拙著『本能寺の変　秀吉の陰謀』で愕《おど》くべき絡繰《からく》りを解明している。

さらに、「奇跡の中国大返し」もなかった。総勢一万七千兵の行軍で全行程のほとんどが雨の中、七日間で総計二百十九キロ走ったことになる。すなわち、六月六日・二十キロ、七日・八十キロ。さすがに疲れて一日休んで翌九日・四十キロ。翌十日にも四十キロ。そして十一日二十七キロ。十二日十二キロである。

この七日間の中国大返しを「箱根駅伝」に置き換えると、東京大手町—鶴見—戸塚—平塚—小田原中継所までの四区間で約八十四キロ。東京大手町—鶴見—戸塚中継所までの二区間で約四十四キロとなる。とてもではないが、合戦の備えをした軍勢が雨の中、一日で進める距離ではない。

要は、羽柴秀吉と小早川隆景の間で、事変勃発前後から秀吉軍の東上を安全かつ速やかにすべき合意が成立していたのだ。だから、いつでも姫路に向かって引き揚げができたのである。

その証左として、織田信長軍（明智光秀率いる近畿管領《かんれい》軍）が中国攻めに向かう以前に、すでに秀吉と毛利軍とでは、「五ケ国割譲」の講和が進捗していた。しかし、信長の中国遠征の目的は毛利軍との講和ではなく、毛利軍殲滅《せんめつ》である。

秀吉は「本能寺の変」の陰謀を踏まえて、信長は高松に来陣しない、否、高松には絶対来られないという前提で、対毛利調略を進めていたのである。

その帰結として、秀吉の天下掌握後、毛利家は確実に安堵された。また毛利六万石だった小早川隆景は五十三万石になり、豊臣家五大老にも列した。さらに毛利輝元も安芸《あき》・周防《すおう》・石見など百二十万石が安堵され、これまた豊臣家の五大老に列する。

また僧侶の身でありながら安国寺恵瓊《あんこくじえけい》（毛利方使僧）も六万石の大名に出世して、秀吉の側近中の側近となるのである。

以上、「秀吉の陰謀」として滔々《とうとう》と記述して来たが、きりがないのでこの辺で打ち止めさせていただく。興味ある読者諸氏は左記の拙著をご一読いただければ幸甚です。

『本能寺の変　88の謎』（祥伝社黄金文庫刊）
『本能寺の変　秀吉の陰謀』（祥伝社黄金文庫刊）

●正しいとされていた歴史的事実も、後にしばしば否定されている

「本能寺の変」とは太陽が東から昇るが如く、「初めに明智光秀の謀叛ありき」

から出発している事変なのだが、私はこの定着した固定観念を実証史学の視点から悉《ことごと》く覆してきた。すなわち「本能寺の変」に関しては、その根本から刷新して新たな実証・検証で再構築すべきであると主張しており、決して荒唐無稽な推論ではない。

歴史は時代とともにその見方、解釈が変わってくるものであり、著しい歴史事象の変貌には愕くばかりである。

たとえば、

・聖徳太子の「非実在性」

『日本書紀』に登場する聖徳太子の事績には、歴史的事実と証明できるものはない。

法隆寺系史料はすべて後世の創作。したがって聖徳太子は実在しない架空の人物。聖徳太子とは、藤原不比等《ふひと》・長屋王《ながやおう》・道慈《どうじ》らが「理想の天皇」として創造した。

実在の厩戸王はマイナーな一皇族に過ぎなかった。

（中部大学名誉教授・大山誠一著『「聖徳太子」の誕生』より）

・**蘇我入鹿《そがのいるか》暗殺事件の真犯人**

教科書でも「大化の改新」の項で、「権力を増した蘇我入鹿を、中大兄皇子《なかのおおえのおうじ》や中臣鎌足《なかとみのかまたり》らが倒した」と教えられてきたが、最近、この「乙巳《いっし》の変」の陰で糸を引いた恐るべき真犯人に、軽皇子《かるのみこ》（孝徳天皇）と蘇我倉山田石川麻呂《くらのやまだのいしかわのまろ》の名が急浮上している。

前述の両者は単なる実行犯に過ぎなかったと、『日本書紀』の大虚構が覆りつつあるのだ。

（学習院大学講師・遠山美都男氏説）

以上の歴史事象を散見しても、「伝承と創作」、つまり膨れ上がった似非《えせ》真実と「通史の虚構性」が交錯する従来の歴史的固定観念を律する観点からも、新たな歴史的真実の証左が顕在化しつつある。

そこでこの章の掉尾《とうび》で再度、

「秀吉の陰謀」なくしては、「光秀天海説」は成り立たない！の旨を銘記していただきたいのである。

本能寺の変が秀吉の陰謀だった、という補助線を引くことで、「光秀天海説」の存在根拠《レゾンデートル》に辻褄が合ってくるのである。

本書を読み進まれるうちに、やがては読者諸氏にもご理解いただけよう。

第二章

明智光秀から天海僧正への転生、その道程

●本能寺の変直前、信長軍団はどのような配置だったか

「本能寺の変」勃発時、すなわち天正十年（一五八二）六月一日当時の織田信長軍団の配属割りを見てみよう。織田軍団は「五方面軍」で構成されていた。

・関東方面軍＝滝川一益　上州厩橋《うまやばし》方面で交戦中
・北陸方面軍＝柴田勝家　富山市魚津で交戦中
・中国方面軍＝羽柴秀吉　備中高松で水攻め包囲で交戦中
・四国方面軍＝丹羽長秀　神戸信孝を総大将として、住吉浦で四国攻めの出艦予定中
・近畿管領軍＝明智光秀　中国遠征の準備中

となる。

また、明智光秀率いる「近畿管領軍」（約二万七千〜三万兵）

（寄騎《よりき》）①丹後衆　細川藤孝　倅・忠興《ただおき》（約五千兵）
（〃）②大和衆　筒井順慶（約五千兵）
（〃）③摂津衆　中川清秀　高山右近（約六千兵）
（〃）④兵庫衆　池田恒興《つねおき》　倅・元助（約五千兵）

（寄親《よりおや》）明智光秀（約六千兵）

となる。

以上の配属割りで織田軍団が機能しており、光秀の「近畿管領軍」はたまたま軍事休暇中だったのだが、六月二日早暁、突如未曾有のクーデター「本能寺の変」が勃発した。

●情報戦においても光秀は完敗だった

織田信長は五月十七日、中国攻めの羽柴秀吉から援軍要請の早馬を受け、自らも出陣しての「毛利攻め」を決意し（近畿管領軍を率いて出陣）、光秀軍・筒井軍を京に集結させた後、六月四日出陣の予定だった。

そのため、明智軍は洛外にすでに駐屯し、筒井軍は二日に上洛中であった（『多聞院日記』に記載あり）。残りの軍団は、進軍中に合流する予定だった。

ところが二日の早暁、あたかも二〇一一年に米海軍特殊部隊によって実行された、あの「ウサマ・ビンラーディン襲撃・射殺事件」と同様に、明智軍を装う特殊部隊が信長宿泊中の本能寺と、嫡子・信忠が駐屯する妙覚寺（二条御所）を同時に急襲して短時間で処理し、かつ「惟任日向守様、御謀叛！」の虚報を乱波《らっぱ》によって洛中に放ち、ここに「明智光秀・謀叛劇」の完成となるのである。

現代のような情報手段のネットワークが張り巡らされている状況とは異なり、「諜報戦略」が重用される戦国時代ともあれば、ちょっとした風聞《ふうぶん》（噂）も千里を走る重要な戦略手段となり得るのだ。

また明智光秀が「本能寺襲撃は私ではない！」といくら声を荒らげて、否定して廻っても、すでに乱波によって流された謀叛の情報を打ち消す手段などない状況である。

一方、この時の秀吉の状況を見てみよう。

秀吉は中国攻めの真っ最中で、高松城水攻めはしたものの敵の逆包囲にあって、信長に援軍要請の早馬を送っていた。とうてい、現場を離れるわけにはいかないのである。

ところが、驚くべき早業で本能寺の変を知り、かつ、ものの見事に毛利軍との講和を為し遂げ、間髪いれぬ迅速さで世に喧伝《けんでん》される「奇跡の中国大返し」を敢行。本能寺の変の十日後、すなわち十二日には、逆臣・明智光秀を討たんと勢い付き、摂津富田《とんだ》に到着している。

しかも高松出立の際の関連武将への書状作戦が巧みで、就中《なかんずく》、前掲の近畿管領軍の寄騎である摂津の武将・中川清秀宛ての書状（『梅林寺文書《ばいりんじもんじょ》』）が特に著名である。詳述するとまた「本能寺の変」に後戻りするので要約すると、「信長父子が無事に難を遁れた」などと、さまざまな偽りの状況を記し、近畿管領軍の切り崩しを謀《はか》り、結果的には、

・丹後衆の細川藤孝・忠興父子と、大和衆の筒井順慶は体裁よく中立を宣言

・摂津衆の中川清秀・高山右近、および兵庫衆の池田恒興は羽柴軍に来属

という結果となった。かくして、かつて丹波攻めなどで光秀とともに戦って来た光秀の配下（寄騎衆）は皆、秀吉の巧みな調略で丸裸同様解体されてしまった。

このため光秀の軍は、山崎片家《かたいえ》、武田元明、京極高次《きょうごくたかつぐ》、御牧《おまき》三左衛門、並河《なみかわ》易家《やすいえ》、松田左近、阿閉貞征《あつじさだゆき》などを含めた旧室町幕府衆や、近江・若狭の国衆など、いずれも小身の者たち約一万二千～三千の兵に、自軍も併せて約一万八千～九千の兵に満たない状況となった。さらに義理の息子（娘婿）の明智秀満を安土城に置く都合で三千の兵を割《さ》かねばならない劣勢となり、光秀軍は総勢一万六千有余の兵。対する羽柴秀吉軍は、三万有余の大軍である。

●山崎の合戦、そして明智軍の敗退

かくして六月十三日午後四時頃、雨の中、大山崎で決戦の火蓋が切って落とされた。

ちなみに『大山崎町歴史資料館』の「山崎の合戦、寛文五年＝山崎合戦における秀吉・光秀の布陣を後世に考証した古地図」によれば、ほぼ小泉川（円明寺川）を挟んで両軍が戦っている。その際、光秀は勝竜寺城に近い「御坊塚《おんぼうづか》」に本陣を構えた。

奇しくも秀吉軍の先鋒《せんぽう》に配された元光秀寄騎衆である中川・高山・池田隊に目掛けて光秀軍は、御牧隊を先鋒に諏訪隊・伊勢隊が続き、さらに攻撃の要《かなめ》たる斎藤利三《としみつ》隊が猛然と突撃し、中川隊・高山隊を蹂躙《じゆうりん》して攻め立て、緒戦は明智軍優勢に進んだ。

しかし、池田隊・加藤隊が淀川の岸辺の砂利を利用して円明寺川の北岸に渡河し、明智軍の側面を衝《つ》く奇襲でその勢力を殺《そ》ぎ、やがて天王山の狭隘部《きようあいぶ》から順次繰り出てくる秀吉軍に押され、終《つい》には兵力の差が開いて秀吉軍がこの戦いを制したといわれる。明智軍は致命的な大敗北を喫し、光秀は自分の出城たる勝竜寺城に遁げ延びたのである。

以上が、まさに衆人環視のもと、稀有《けう》の名将・明智光秀の、歴史上最期の消息なのである。さらに、著名な公卿の吉田兼見がその日記で駄目を押している。

『兼見卿記』（天正十年）

六月十三日、巳亥、雨降の条

申刻至山崎表鉄放之音数刻不止、及一戦歟、果而自五条口落武者数輩敗北之体也、白川一乗寺辺へ落行躰也、自路次一揆出合、或者討捕、或者剝取云々、自京都知来、於山崎表及合戦、日向守令敗戦、収入勝竜寺云々……

（申《さる》の刻〈午後四時頃〉から山崎方面で銃声が数時間続き戦闘が開始され、五条口へ落ち武者が数人敗走する有様であった。みんな白川一乗寺辺りへ落ちて行くようで、途中から一揆《いっき》勢〈落ち武者狩り〉の集団が出現して、ある者は討ち取られ、ある者は身ぐるみ剝《は》がされた。京都よりの知らせでは山崎の表で合戦が行われて明智軍は敗れ、光秀は勝竜寺城に敗走して立て籠もったとの由……）

このようにはっきり記《しる》している。

これに続く六月十五日の記述から、通説として有名な明智光秀「小栗栖《おぐるす》の竹藪での最期説」が否定できるのは、第一章で述べた通りである。

とにもかくにもここまでが正真正銘の明智光秀・一代記の終わりであり、また新たな始まりともなるのである。

●光秀は生き延びていた、という史料が存在する

二人の公卿・吉田兼見と山科言経が記述した日記のように、明智光秀は醍醐付近で最終戦を迎えたのであろうか？

本書は「光秀＝天海説」を「本能寺の変・秀吉陰謀説」の立場から論じるのだから、上記の問いに対する答えは、当然「否」である。

光秀が生き延びていたとする「荒深家文書」という史料が存在する。

これによると、決戦の最中《さなか》、光秀の影武者である忠臣・荒木山城守行信《やましろのかみゆきのぶ》が光秀の許に駆け寄り、「未だ最期の時に非ず、此処を一時遁《のが》れられ、再起をお謀《はか》り給へ」と言いつつ、「我こそは明智光秀なり！」と敵陣に自ら打って出る。この荒木山城守行信の忠節に打たれた光秀が、戦場から無事脱出した後、荒木の

『荒』と、恩義を深く感じての『深』で自ら『荒深小五郎』と名乗って、末子・乙寿丸とともに隠棲する。

この史料に関しては後述する。

また一方で、荒木山城守行信の忠節を無駄にせず、辛うじて九死に一生を得て比叡山に遁れ、「是春《ぜしゅん》」で始まる一歩を踏み出すという説もある。

つまり、光秀は小栗栖ではもちろん、醍醐でも死んでいない可能性がある。

●秀吉が光秀の偽首をあえて「本物」と認めた理由

しかし、ここで大きな疑問が生じる。

史実では、明智光秀の死後、その首と思われる首が羽柴秀吉の許に届けられる。吉田兼見の日記にも出てくる「光秀の首」であるが、これは偽物ということになる（おそらくは身代わりとなった忠臣・荒木行信の首）。

光秀と面識のある秀吉が、なぜ偽首であると指摘しなかったのだろうか？

その点も、「本能寺の変＝秀吉陰謀説」から考えると説明がつく。

「その首の胴体を捜し出して、繋ぎ合わせて本能寺に晒《さら》す」、または「十七日、秀吉は三井寺で首実検をし、粟田口に晒した」という二つの伝承があるが、いずれの場合も、秀吉としてはとにかく亡君・織田信長の弔い合戦で、自分が極悪非道の謀叛人・明智光秀の首を討ち取ったと高らかに大勝利の宣言をしたかったのである。それが偽首であっても、秀吉としては問題なかった。

つまり、明智軍が壊滅状態である現状では、たとえ光秀が九死に一生を得て比叡山などに逃げ込んだとしても、秀吉にとってはそれはもうどうでもよいこと。とにかく、織田軍団配下の他の武将をさし置いて、「山崎の合戦」で自分が真っ先に謀叛人の首を上げたことを既成事実とする。そして次なる天下取りへの、布石を打ちたかったのである。

そして直ちに、前述の『惟任退治記』を創作し、秀吉自身の功績を誇示するのである。

かくして、「山崎の合戦」に大勝利した上洛の途上で、この合戦の名義人・織田信孝と、合戦の実行者・羽柴秀吉の両人がともに「塔の森」で、朝廷側から「太刀下賜」の栄誉に与《あず》かるのである。

朝廷が太刀を下賜するというのは、征夷大将軍が反乱軍制圧に出陣する時の儀式である。この太刀下賜によって、信孝は兄の信雄よりも、そして秀吉は同僚の重臣たちよりも、天下取りへと大きく抜きん出たことになったのである。

しかも秀吉にしてみると、主筋の信孝とまったく同格になったのである。ここで初めて、次の天下を狙える資格が秀吉にも与えられたことになる。当面は呉越《ごえつ》同舟《どうしゅう》さながら、後から信孝を蹴落とす機会を作ればよいわけである。それはやがて、「清洲《きよす》会議」で具現していくことになる。

●光秀の「憐《あわ》れな最期」は徳川幕府の精緻な演出だった

ところで、前述のようにれっきとした『兼見卿記』と『言経卿記』という二人の公卿の日記で「光秀の最期は醍醐」と記されているにもかかわらず、「本能寺の変」の歴史的結末としては、「落ち行く先の小栗栖の竹藪で一農民の竹槍に刺されて憐れな一期を遂げる」となっている。

どうしてこのような終わり方になるのだろうか。

もっとも、当時のレベルでは、これらの日記は決して世間一般が見られるものではないし、当時の人たちの多くはその記述の存在すら分かるはずもなかったわけだが……。

実は、結論を先に言ってしまうことになりかねないが、「本能寺の変」勃発から百二十年後の寛永年間（松尾芭蕉の没年頃）、かの悪書として名高い『明智軍記』が誕生する。この本は作者不詳である。

この頃、徳川幕府は江戸中期を迎え、「主君への忠節」を組織原理の中核とし、特に朱子学を公式学問としていたから、下剋上の戦国時代に横行した主殺し、中でも「本能寺の変」などは到底許されない事変だった。

したがってその首謀者・明智光秀は極悪人にならざるを得ないわけだが、江戸中期になぜか根強く伝承した「明智光秀＝天海説」に、幕府当事者たちはかなり手を焼いたのである。

そこで、その伝承を打ち消すために御用学者が集まり、「謀反後、明智光秀は小栗栖で刺殺された」という既成事実を確立するために、『明智軍記』が作成されたのである。

『明智軍記』は、『信長公記』などのさまざまな軍記物を参照し、歪曲《わいきよく》と創作を交えながら、光秀を軍師・砲術の名人・築城の名人として過大に評価、正当化している。

「本能寺の変」も、因果応報の「天道思想」により、《今ぞ知りぬ、信長父子は信長殺せり、更に明智に非《あら》ざることを》と記しており、信長の非道が「本能寺の変」を生んだのであって、いわば天罰だったと述べている。

つまり、一方では光秀を評価しつつも、他方では小栗栖の野で光秀は自害して果てたとの「定説」を広め、「光秀＝天海説」の伝承を払拭すべく意図されたのが、取りも直さず事変百二十年後に生まれた『明智軍記』だったのである。

この本では、光秀の最期として「明智光秀は坂本城への逃避行中、小栗栖の竹藪で農民に刺され、あえない一期を遂げた」と、光秀の死を確実化させた。変百二十年後に創作されたこのストーリーが意外に受けたのか「小栗栖伝説」として独立し、さらに天正十年に遡って、つまりフィードバックされた歴史的事実として、現在の「本能寺の変」に定着してしまったのである。

このように、『明智軍記』と「光秀＝天海説」には抜き差しならぬ因果関係がある。

●『明智軍記』によって定着してしまったふたつの誤謬《ごびゅう》

ここで、『明智軍記』の中の「小栗栖伝説」が起因した原文をご銘記いただきたい。

『明智軍記』＝「明智日向守最期事」（巻第十）

《……村越三十郎・堀与十郎・進士作左衛門ヲ先打トシ、溝尾庄兵衛・比田帯刀ヲ後陣《ゴジン》トシテ其勢五百余騎、十三日ノ亥ノ刻ニ勝竜寺ヲ出、川端《カワバタ》ヲ上リニ、北淀ヨリ深草ヲ過ケルニ、家来共終日ノ戦ニ人馬共ニ草臥《クタビレ》ケレバ、或ハ疲伏《ツカレフシ》、又ハ落失テ、雑兵共ニ漸ク三十余騎ニゾ成ニケル。斯テ、十四日丑ノ剋計、小栗栖《オグルス》ノ里ヲ歴《ヘ》ケル処ニ、郷《ゴウ》人共蜂起シテ、落人ノ通ルニ物具剝《ハゲ》ト訇《ノノシ》ル声シテ、鑓《ヤリ》ヲ以テ竹垣ゴシニ無体《ムタイ》ニ突タリケル。日向守ハ、馬上六騎目ニ通シ処ニ、薄運《ハクウン》ニヤ有ケン。脇ノ下ヲゾ撞《ツカ》レケル。其時、是ハ何者ナレバ狼藉《ロウゼキ》ナリト云ケレバ、郷人鎗《ヤリ》ヲ捨皆々北去《ニゲサリ》ヌ。斯テ、三町計往過タレトモ、彼鑓疵《ヤリキズ》痛手ナレバ、光秀道ノ傍ニ馬ヲ乗寄、鎗ヲ田ノ中ニ立置ケル、是ハ鎗ヲステ、逃タルト、後人ニソシラレジトナリ。扨、溝尾庄兵衛茂朝《シゲトモ》ニ申ケルハ、唯今手負《テオヒ》タレバ坂本迄ハ行付ガタシ。然レハ、爰《ココ》ニテ自害セント思フナリ。是ハ辞世《ジセイ》ナリ。汝ニ与ヘントテ、鎧ノ引合ヨリ一紙取出スル。溝尾 謹《ツヽシン》デ是ヲ見ルニ、

逆順無二門　大道徹心源　（逆順に二門無く　大道心源に徹し）
五十五年夢　覚来帰一元　（五十五年の夢　覚め来りなば一元に帰す）
明窓玄智禅定門

トゾ書ケル。是ヲ読《ヨミ》ケル間ニ、光秀脇指ヲ抜《ヌイ》テ、腹一文字ニ掻《カキ》切ケレバ、茂朝驚《オドロ》キナガラ、即介錯《カイシャク》シケリ》

この一節が特に傑出しており、ここから二つの歴史的既成事実が出来《しゅったい》する。すなわち、「五十五年の夢」という光秀の遺偈《ゆいげ》を創作して、いつしかここから光秀の享年「五十五歳説」が定着してしまったこと。

もうひとつは、小栗栖で百姓によって殺されてしまったという「小栗栖伝説」である。これは、小瀬甫庵《おぜほあん》の『甫庵太閤記』がその嚆矢《こうし》と思われるが、『明智軍記』によって歴史的事実として定着してしまったのである。

しかし、光秀ほどの豪の者が一介の百姓の突き出す竹槍で、堅固なはずの胴の脇腹を貫通され、憐れにも落命するはずがない。「本能寺の変」の定番中の定番の誤謬《ごびゅう》のひとつである。

●光秀は「荒深小五郎」になった——「光秀天海」への転生その1

さて、ここから「光秀天海」への転生なるものが始まるわけであるが、もし私が作家であれば（もちろん史料の精査は必要ではあるが）、自分の史観の上に独特の解釈と創作性を駆使して展開していくことであろう。

ある日、青天の霹靂《へきれき》か、明智光秀は突然、主殺しの謀叛人として冤罪の奈落に突き落とされる。周章狼狽の十日間が過ぎる頃、高松で逆包囲されているといわれていた羽柴軍が光秀を攻めるために東上の途にあるという。しかも、気が付けば己の配下として長年率いていた近畿管領軍も秀吉の調略で丸裸にされてしまった。さらに六月十三日の「山崎の合戦」では決定的な大敗を喫し、家臣の身代わりという忠節はともかくとして、九死に一生を得た心地で必死に比叡山の山麓に遁れ込む光秀の心情たるや、いかばかりのものであろうか。

だが歴史家の端くれとして、私には光秀の心情を汲み取る自信などあるわけがない。

ひとつの歴史事象を推測するとしても、当然実証史学のステップを踏まなければならないわけだが、「光秀天海説」には実証史学がなかなか通じそうもなさそうだ。

前述の通り、「傍証」の数々を積み重ねることによって、辛うじて「傍証史学」なるものの奈辺に辿り着けそうなので、本書ではそれを試みたい。

明智光秀が最後の「山崎の合戦」に大敗を喫し、必死に逃げ惑う最終戦において、家臣の影武者・荒木山城守行信の忠節の件《くだり》を前述したが、実はこの折の顚末が、現存する荒深家十三代末裔《まつえい》の荒深光正氏（明智光秀公顕彰会会員・岐阜県美濃加茂市在住）より送付いただいた史料のうち、「光秀隠住古屋敷中洞村西洞にある古文書」に記載されている。

《天正十年六月十三日、山崎の合戦にて光秀利あらずして勝竜寺に引き上げ、最後を謀る。前に筒井順慶と交じり、末子乙寿丸を其の嫡子として遣わさんとして陣中に伴いたり。順慶前約に叛きて、乙寿丸は此の最後迄伴い共に自死せんとせし時、前に近州観音寺の押へとして置きし家臣、荒木山城守行信一騎、馳せ来たりて、未だ最後の時にあらず、此処を一時逃れて再挙を謀り給えとて、光秀の脱ぎ捨てし具足を着て、光秀の身代わりとして、三宅庄兵衛、比田帯刀、藤田傳吾、津田与三郎、進士作右衛門、関田八郎等の生き残りの諸氏と共に敵中に打ち入る。

光秀は乙寿丸及び中洞又五郎と共に、百姓姿に変して一先ず洛中大徳寺に入りて、味方の最後を見届けんと思う。

翌日、行信は光秀に変して山崎にて討死し、其の首は三条河原に曝されし噂を聞いて深く荒木山城守の誠忠に感じて、これを子孫に伝え銘せしむる為に、荒深小五郎と名乗り、一先ず中洞又五郎に導かして、生国美濃中洞郷に帰りて仏光山西光寺の麓の林間に隠宅を作り、乙寿丸と共に住む。

天正十七年巳年正月、乙寿丸十五才に達し、荒深吉兵衛光頼と名乗らせ、中洞又五郎に後々を託して雲水の姿となりて上洛し、本願寺の下間長老と談合して、諸国遍歴の都合となし、羽柴筑前守の敵と味方の大名を探る。

慶長三戊年春、江戸に至りて、密かに家康と会い、諸大名の様子を談ずる。家康大いに喜びて、小五郎の子孫を大名に取り立てんことの契約の一札を貰い帰国し、中洞又五郎に力量勝れたる百姓を集めしめて時を待つ。

慶長五子年八月、雑兵八十人を師いて、家康上洛を賀茂郡蜂屋に迎え、大柿を献じ、吾微力なれど必ず大垣を取って君に献ぜんと申して、九月十五日藪川を渡りて先ず神戸に至り、大垣城の背に回らんとして、後に洪水の為に馬を流されて水死す。其の時七十五才なり。吉兵衛涙ながら又五郎、久八郎、伊兵衛、作右衛門、杣吉等と共に死骸を引き上げ、中洞に帰りて葬る。

捐館則日州太守明窓玄智大禅定門の墓これなり……》

つまりこの古文書によれば、荒深小五郎の名を騙《かた》る明智光秀の消息も、ここで途絶してしまうのであり、後は末子の乙寿丸、すなわち荒深吉兵衛光頼の系譜となっていくこととなる。

折角家康と邂逅しながら、その流れが一応途絶してしまうのは大変残念である。

もっとも荒深光正氏の補遺として、

「光秀が水死した事になっているというのは、ここで死んだのではなく天海僧正として家康に仕えたと、祖父の残した資料に書かれている」

とあり、荒深小五郎から天海僧正へと再度転生する方便であったのだろうか。

●比叡山の僧侶・随風と入れ替わった——「光秀天海」への転生その2

さて「光秀天海」への転生・第二論であるが、第一論同様、荒木山城守行信の忠烈な身代わり作戦を経た後、九死に一生を得た光秀はどこに逃れたのか。

ここにひとつの伝承がある。

《天正十年六月十五日、華麗な坂本城の天守閣に籠った明智一族の栄光は、紅蓮の炎と共に焼け落ち、坂本城下に満ち溢れていた羽柴軍は、治安のための兵を遺して引き上げた。

その数日後、西教寺の塔頭《たっちゅう》（実成坊か？）に深夜、墨染めの衣の雲水が一人、笠を深々とかぶり人目を避ける様に門を叩いた。そして比叡山の横河飯室谷《いむろだに》にある「禅林院」への道案内を頼んだ。笠を覗くと、御領主の明智光秀様の人目を忍ぶ姿であった。お茶漬けを差し上げた後、辺りを警戒し夜半提灯の灯りもつけずに、比叡山・横河飯室谷の「禅林院」に案内した。「光秀公は親交があった慈忍《じにん》和尚を頼り、「禅林院」に保護と将来の事を相談するためと思う。此の事は誰にも話してはならない」という言い伝えがあった。》

つまり、光秀は比叡山山麓の深みへ遁れた、とする説である。

そこで私は、比叡山山麓への逃避の第一歩を探るべく、西教寺・管長猊下《げいか》の紹介を経て大津坂本にある滋賀院に、「横河飯室谷」の資料を拝見したいという旨を願った。

すると、「横河堂舎・並各坊世譜」の資料を出されて、「長壽院」の項を提示いただいた。

《第二世法印権大僧都是春、初名光秀、依光藝薙髪、及住當房、監鶏足院、元和八年九月二十五日逝》

「長寿院の第二世法印であった権大僧都の是春は、俗名を光秀と言った。そして長寿院第一世の光藝《みつのり》によって薙髪（剃髪）を受け、その後当房に起居し、鶏足院《けいそくいん》を監督した。元和八年（一六二二）九月廿五日逝去」

是春の「傍証」が、初めて得られたのである。

この長寿院で、是春（光秀）は「天台教学」研鑽《けんさん》の道に入る。

やがて比叡山山麓に会津出自の随風という僧侶が住職をしていた「南光坊」があり、しかもその当人の死亡で空き寺であることを知った是春は、幸い同年配であったのでそのまま随風を名乗り、「南光坊」の住職として入山し、正式に「南光坊」という僧侶に成り済ましたのである。

すなわち是春（光秀）の前世を隠すため、「是春」から「随風」に擦《す》り込まれた（入れ替わった）のである。

「光秀天海説」はこれを発端として始まるわけであり、そこには「実証」と思われるような事象など何も存在しない。会津出自の随風と光秀天海との、厳密な対比のうちにその傍証を探るしかないであろうし、また意外な時点で一見「実証」らしき「傍証」に出会うかもしれない。

かくして光秀は、爾来《じらい》、この比叡山山麓一隅での「南光坊」で、日夜天台教学研鑽に明け暮れ、かつ密かに世に出る機会を窺っていたのであろう。

蛇足だが、現在でも犯罪者Aが自分の来歴を消すため、年恰好も近く、身寄り・知人の少ないBを殺害して完全にその死体を隠蔽し、Bの住民票を取得すれば、Aの顔写真で堂々とBとして正規の「運転免許証」及び「パスポート」などを取得することが可能である。

●石灯籠に刻まれていた「光秀」が意味するもの

比叡山山麓は想像を絶する深さ、広大さである。「山崎の合戦」で敗れた光秀が必死に遁げ込んだ比叡山・横河飯室谷の禅林院周辺は鬱蒼《うつそう》とした自然林に囲まれており、かつ、高い石垣で囲まれたさながら城郭のような佇《たたず》まいを呈している。

その禅林院の境内と仏殿の右方後方、今は廃寺となっている長寿院跡から、穴《あ》太《のう》積みの石垣が続く山道を数十メートル上がっていくと、堂守酒井雄哉《ゆうさい》阿闍梨《あじゃり》の「不動堂」がある。

その「不動堂」の庭には古い石灯籠が一基あるのだが、その裏面には、

【奉寄進　願主光秀　慶長二十年二月十七日】

と刻まれている。

なぜこのようなところに、突然「願主光秀」刻字の石灯籠が出現するのであろうか。

しかも、慶長二十年（一六一五）といえば、光秀が「山崎の合戦」で大敗を喫して小栗栖の竹藪で儚《はかな》い一期を遂げた、否、光秀が比叡山山麓に必死に遁げ込んだ天正十年から何と三十三年後の、徳川家康逝去の一年前である。

慶長二十年の前年である十九年は、豊臣家による「方広寺《ほうこうじ》大仏殿開眼供養」に先立ち、天海僧正らの密謀で「方広寺・鐘銘事件」が起きて「大坂冬の陣」を惹き起こし、さらに二十年は「大坂夏の陣」で豊臣家が完全に滅亡した。

すなわち「徳川家康・明智光秀＝連合同盟図式」が仇敵「豊臣家滅亡」を達成した記念すべき年であり、また両者にとっても各々の「大願成就」の達成した年でもある。

家康との合議で光秀の名は固く秘すという約定があったとしても、今や怨敵・豊臣秀吉もすでにこの世にはなく、光秀にとって何ひとつ世を憚《はばか》ることとてなくなった今、比叡山山麓の奥まった寺院に「大願成就」の感謝の念を表す石灯籠を寄贈するに際して、光秀が思わず「願主光秀」の名を刻ませたのももっともなこと、と思われる。

ここに実名を使うのは、私をはじめ後世の歴史家たちへの「私、光秀は慶長二

「光秀」と刻まれている石灯籠。その拓本と光秀（右）・天海花押（左）を比較すると……

十年の段階では生存致して居り候」というメッセージという傍証、否、物証にほかならないと信じる次第である。

しかもこの石灯籠寄贈は元々、かつて光秀が隠棲した長寿院近くの、しかも「不動堂」に葬られている大恩人・慈忍和尚の墓前近くに置かれているのだ。ということは、自分を必死に匿《かくま》ってくれ、かつ身の保全を図《はか》ってくれた慈忍和尚への衷心からの恩返しの石灯籠寄進にほかならないのだ。

こういった傍証を見ると、光秀の長寿院隠棲から「是春＝随風」への擦りこみ（入れ替え）という流れに自然と辻褄が合ってくるのである。

それにしても、不可思議な石灯籠である。この古い石灯籠に刻まれた「光秀」という文字は、武将時代の光秀の花押に添えられている崩し字「光秀」と酷似している。さらに花押を天海僧正のそれと比較してみても、あまりにもよく似ているのに驚かされる。

この石灯籠への刻字は、西教寺・明智光秀公顕彰会・元事務局長の車戸利八郎氏が苦労されて採収された拓本のコピーを私も所持している。

●「比叡山延暦寺焼き討ち」の知られざる真実

「本能寺の変」における明智光秀謀叛のひとつの動機として、織田信長の「比叡山延暦寺焼き討ち」の命令に当初は反対し、かつその残虐性に少なからず恐怖心を抱いたという伝承があるが、それは見当違いである。

「第六天の魔王」と異名をとる信長の殺戮《さつりく》振りはつとに有名だが、信長の根底には「信賞必罰主義」の概念が横溢《おういつ》していたのである。

たとえば光秀に対して、

・天正七年「長期間に亘って丹波国に在国し、粉骨砕身《ふんこつさいしん》の活躍による名誉は、比類なきものである」（播磨の黒井城攻略）

・天正八年「丹波国における明智光秀の目覚ましい働きは、よく天下の面目を施した」（佐久間信盛父子追責の「十九カ条折檻状《せっかんじょう》」冒頭）

と褒めちぎっている一方で、信長に叛旗を翻すも城攻めに敗れ一人逃走した荒《あら》木村重《きむらしげ》の一族虐殺事件は、見るも無残な悍《おぞ》ましいものであった。

しかしこれは、村重に謀叛の非があったのだ。

信長の「比叡山延暦寺焼き討ち」は全く異質なものであった。まず、「比叡山延暦寺」の縁起を尋ねたい。

京都市北東方、京都府と滋賀県の境界に聳《そび》えるこの山は、古来、王城鎮護の霊山として崇められてきたが、日本天台宗の開祖として、琵琶湖方坂本で出生した「最澄《さいちよう》」（諡号・伝教大師《でんぎようだいし》）が受戒後の延暦四年（七八五）に比叡山に入って修行。「法華一乗思想」の中心として「一乗止観院」を建立したのが始まりで、桓武天皇の篤い支援の下、延暦十三年には京の鬼門《きもん》を封じる盛大な法会《ほうえ》も行われた。

さらに延暦二十三年に、最澄は遣唐使として入唐《につとう》。「天台教学」等を学んで翌年帰朝し、比叡山に天台宗を設立した。

爾来、最澄の人材育成の仏教理念に基づき、臨済宗開祖・栄西《ようさい》上人、曹洞《そうとう》宗開祖・道元《どうげん》上人、浄土宗開祖・法然《ほうねん》上人、浄土真宗・親鸞《しんらん》聖人、日蓮宗開祖・日蓮《にちれん》大聖人等を輩出してきたが、また一方では本来、比叡山延暦寺の法規を護るべき僧の武装化が異形の形で組織化されて、他宗教への侵害も及ぼす山法師軍団の形態になってしまっていたのである。

後白河法皇の有名な「朕《ちん》の意に適《かな》はぬもの、加茂川の水、双六の賽《さい》、山法師」すなわち時ならぬ加茂川の氾濫、法皇がお遊びになるサイコロの目の出具合い、そして山法師と、法皇が嘆かれる三要素の一因を担っていたのである。

たとえば、本能寺を含む京都の法華寺院が当時の町衆の信仰を集め繁栄したが、比叡山延暦寺の僧兵の怒りを買い、延暦寺衆徒（山法師）が洛中・洛外の法華守二十一ヵ寺を襲って焼き払い、法華寺が一時壊滅してしまったほどであった。「天文法華《てんぶんほつけ》の乱」（天文五年・一五三六）である。

本能寺ではその後、能の「ヒヒ」が「火」を連想すると嫌い、「本能寺」としている。実際「本能寺の変」の焼け跡から「本能寺」の焼け瓦が出土している。

信長の「比叡山延暦寺焼き討ち」に戻ると、この件《くだり》を『信長公記』（巻四）では、以下のように語る。

《九月十二日、信長公は叡山攻めにかかられた。その理由というのは、去年、野田・福島を包囲し、もはや落城という間際になって、越前の朝倉（義景）・浅井備前守（長政）が坂本に打って出て来た。このとき、信長公は「京都へ乱入されては困った事態になる」と思われ、野田・福島から軍を引き払い、ただちに逢坂を越え、越前衆に立ち向かわれた。

敵を局《つぼ》（壺）笠山《かさやま》に追い上げ、兵糧《ひようろう》攻めにしようとのご意向から、山門の衆徒を召し出しいま信長公に忠勤を励むならば、「余の領国内にある山門領をもとのようにお返ししよう」と金打《きんちよう》までされ、その上に、ご朱印を捺《お》された文書をお渡しになったのである。しかも「出家の身で一方の陣へのみ肩入れできないならば、中立を保って見ぬことにしてほしい」と、筋を通して説かれた。そして、「もし右の二カ条を尊重しない時は、根本中堂《こんぽんちゆうどう》・山王二十一社をはじめ、堂塔ことごとく焼き払う」旨を言い置かれたのである。

今やその時がやって来たのであろうか。山門・山下の僧たちは、このお山が王城の鎮守でありながら、日常の行儀も、仏道修行の作法をも省みず、戒を破り淫《いん》乱《らん》を好み、なまぐさい魚や鳥を食べ、金銀の欲にふけって、浅井・朝倉に加担し、勝手な振る舞いに及んだのである。けれども信長公は時勢に従うのがよいと思われ、ご遠慮なさって、事を荒立てないように残念ではあったが、いったん兵を退けられたのであった。その時のお憤りを今晴らされる時が来たのである……》（榊山潤訳）

かくして元亀二年（一五七一）九月十二日、叡山焼き討ちの総号令が切って落とされ、根本中堂・山王二十一社をはじめ、霊仏・霊社・経巻など一堂一宇余すことなく焼き払われ、ましてや生臭坊主の僧兵（山法師）たちも一人残らず斬り殺された。

もちろん高僧・僧侶・一般人も数多《あまた》殺戮されたわけだが、巷説《こうせつ》で言われるほどの残虐性はあまりなかったようで、明智光秀を筆頭に織田軍は、僧侶・一般人の逃亡もかなり見逃したと伝承されている。

つまり信長の「信賞必罰」の道理でいけば、軍事化された僧兵システム（山法師達）の大粛清、すなわち叡山の大掃除が目的であったからだ。信長が実施に踏み切った「叡山焼き討ち」や「高野聖《こうやひじり》」の虐殺は、いずれの場合も、宗教的治外法権を盾に取って宗徒（主に山法師）が、信長に対立・反抗したことに対する報復手段にほかならなかったのだ。

「比叡山」とか「高野聖」だのといった聖域や、山法師とか高野聖とかの聖なる存在に、世俗の権力が介入できないという思想こそ、信長にとって最も我慢ができぬものだったのである。

だからこの「叡山焼き討ち」にしても、そういう思想を叩き壊そうとしたのであって、決して民衆の仏教信仰そのものを弾圧したわけではない。いやしくも天下統一を果たそうとしている近世的武将としては当然のことで、むしろ毅然たる政策ともいえよう（信長は、基督教の布教などにも非常におおらかであった）。

●光秀と随風の「比叡山延暦寺焼き討ち」における奇縁

考えようによっては、この事変で問題の南光坊随風（当時三十五歳）も比叡山にいて殺戮の難に遭い殺され、その折に横河・飯室谷の南光坊が空き寺になったのかもしれない。三十五歳ともなれば「天台教学」の研鑽もだいぶ進んで碩学《せきがく》の一徒として重きをなし、逃げまどう侍僧とはいささか異なったことであろう。

一方、光秀は攻め手の大将であり（当時四十三歳）、皮肉な運命の摺り合わせの準備がここでなされていたのかもしれないのだ。

かくしてこの「比叡山焼き討ち」後の明智光秀は、その功により志賀《しが》郡が与えられ、やがて光秀は坂本に城を構え、譜代の家臣を差し置いて光秀が城持ち第一号となるのである。いかに信長から信頼されていたかが、計り知れようものである。

イエズス会宣教師のルイス・フロイスも、

《明智は、都から四レーグア（四里）ほど離れ、比叡山に近く、近江国の二十五レーグアもある太湖のほとりにある坂本と呼ばれる地に邸宅と城砦を築いたが、それは日本人にとって豪壮華麗なもので、信長の安土山に建てたものにつぎ、この明智の城ほど有名なものは天下にないほどであった。（中略）光秀は築城のこ

とに造詣が深く、優れた建築手腕の持ち主である……》

と褒めちぎっている。

また、隣接する「琵琶湖」は豊かな海の幸に加えて、流通経済の航路としても「鯖街道」を補う要衝を兼ね備えていた。それだけではなく、織田信長は安土城《あづち》の対岸に甥の織田信澄《のぶずみ》の大溝城《おおみぞ》を構えさせ（あまつさえ信澄に光秀の娘を自分の仲介で娶《めと》らせ）、長浜には羽柴秀吉を配し、光秀の坂本城をさながら長菱形の扇の要《かなめ》として据えた。

安土城、長浜城、大溝城、そしてこの坂本城と、信長の最重要拠点「琵琶湖ウオーターフロント」を形作っているのであり、光秀がいかに信長から絶大な信頼を得ていたかが、ここからも分かる。

一方光秀も、「比叡山焼き討ち」で一時は焦土と化し、焼けただれた坂本の市街や、寺院堂宇の復興に力を注ぎ、同じく災禍を蒙った自身の菩提寺・西教寺では檀徒となって、進んで再興に力を入れている。

こうした姿勢が自然と領民たちや比叡山側にも善政として受け入れられていいっ

たのであろう。また実際の焼き討ちの司令官として、数多《あまた》の僧侶や領民を虐殺から救ったという風聞も流れ、光秀は好意をもって坂本の経営に励むこととなるのである。

くり返しになるが、「比叡山焼き討ち」の信長の本来の目的は比叡山の大掃除、すなわち延暦寺の主な根本中堂や不遜な山法師達の大粛清であり、焼き討ちの範囲は意外と限られていたといわれている。全山の堂宇を悉《ことごと》く焼き尽くしたわけではない。

したがって、全山で百を超えるという末寺・塔頭などはほとんど災禍を免れ、特に「光秀天海」が遁れた長寿院や南光坊などは襲撃の埒外であったのであろう。

天正十年六月二日の不慮の事変の勃発に端を発して、明智光秀は憐れ無位無官の敗走者となって比叡山山麓の奥深くに遁げ込み、やがて南光坊に隠棲して、日夜「天台教学」の研鑽に励む毎日であった。

さながら蝶が孵化《ふか》して飛び立つ日を遠く待つかの如く、この蛹《さなぎ》は長い時間を耐え忍びながら深い眠りに就くのである。

では蝶に孵化する（開眼する）ための仏教道の英知・「利剣」はなんだったのだろうか。それは、「山王一実神道《さんのういちじつしんとう》」であった。

●天海は比叡山で何を学んだのか

「山王一実神道」とは何ぞや？　『広辞苑』曰く、

「日吉神道《ひえしんとう》」を指し、天台宗の「一心三観の教理」（天台宗の観法。自己の心中に三諦《さんたい》を同時に観ずること。「三諦」は三天台宗で説く三種の真理。一切存在は空であるという空諦《くうたい》と、一切存在は縁起によって仮に存在する仮諦《けたい》と、一切存在は空・仮を超えた絶対のものである中諦《ちゅうたい》を指す。すなわち「空仮中《くうげちゅう》」である）を基本として立てられた神道説であって、比叡山の地主神である日吉神社《ひえじんじゃ》を中心に広まったものである。

すなわち日吉神社を「山王」（滋賀県大津市坂本の日吉神社の別称。最澄が大和国三室山の大輪神、すなわち大物主神を勧請し、中国の天台山国清寺の山王詞にならって神号を山王と奉り、比叡山の守護神としたのに始まる）と立て、唯一乗の教理を織り込んだことから、山王一実神道という。江戸初期に天海が幕府と結んだために隆盛を極めた「天台神道」である。」

延暦寺の修行のさまは「朝題目に夕念仏」（朝は法華懺法《ほっけせんぼう》を修し、夕は阿弥陀仏を念誦する）、まさに「綜合仏教大学」さながらに、臨済宗・栄西、曹洞宗・道元、浄土宗・法然、浄土真宗・親鸞、日蓮宗・日蓮などと多士済々《たしせいせい》の流祖を輩出している。

「光秀天海」も天台教学のうちから、特に天台密教を深く研鑽し、加うるに、

・「陰陽五行説《いんようごぎょうせつ》」から「陰陽道《おんみょうどう》」
・「四神相応《しじんそうおう》」から「風水学」
・「天文学」から北極星を中心とした「占星術」

等々を包摂して学び取り、さらにこの「山王一実神道」で「天台密教」全体を総括した「法力」を兼ね備える。こうして、徳川家三代にわたって「黒衣の宰

相」として君臨する知見を身につけるのである。

「徳川家千年の礎《いしずえ》」を希求する江戸都市計画立案には、「四神相応の風水学」や壮大な仏教理念を包含しており、天海が助言したに違いない。

第三章

徳川幕府中枢との黒い接点

●「光秀天海」への最初のステップとしての「本徳寺」

「光秀天海」は、比叡山山麓の南光坊でどのくらい天台密教の研鑚に励んでいたのだろうか。それは定かではないが、恐らく秀吉がほぼ天下を掌握し、豊臣政権が成立しだした天正十六年（一五八八）頃までではなかったかと想定している（「本能寺の変」から五年余）。

その後、「光秀天海」は大阪府岸和田市の「本徳寺《ほんとくじ》」に隠棲する。

光秀は「山崎の合戦」の折、すでに敗北を覚悟していたのか、嫡子・光慶《みつよし》（当時十三、四歳くらい）を光秀と知遇のあった京都臨済宗妙心寺の蘭秀宗薫《らんしゅそうくん》の許に庇護させた。その結果、光慶は明智家滅亡後、密かに妙心寺の山内寺院で、蘭秀宗薫により得度して玄琳《げんりん》となったという。

その後南国梵珪《なんごくぼんき》と名乗り、父・光秀敗死後数年を経て貝塚の鳥羽在に、父の菩提のためと称して海雲寺《かいうんじ》を建立した。さらに泉州の地・岸和田に臨済宗塔頭・本徳寺を創建してその住職となったのである。

この本徳寺には、あの有名な「光秀肖像画」(19ページ)が所蔵されている。多少憂いを含んだ、かつ貴公子然として、いかにも有職故実《ゆうそくこじつ》に造詣が深そうな現存する光秀唯一の肖像画である。大津市・西教寺所蔵の木彫りの塑像とともに、各出版物や映像に使用されている(「鳳岳院殿輝雲道琇大禅定門位」の位牌もある)。

この肖像画には蘭秀宗薫による「画賛《がさん》」が書き込まれており、「光秀天海」出自の解明の重要な手掛かりとなるメッセージが織り込まれている。

●光秀「肖像画」の画賛に秘められたメッセージ

この明智光秀の肖像画の上部には、次のような画賛が書き込まれている。

輝雲道琇禅定門賛　(一応、仮の光秀の戒名)
惜哉合保百年躬　惜しむかな普通なら百年も生きられようが
不意真形図画中　不意に画中に収まってしまった(光秀の名を棄てて)

放下般舟三昧去　　出家して仏門三昧に入り
　桟前易地巨禅叢　　大きな禅寺から出て行った
　慶長十八年癸丑六月六日　（一六一三年六月六日）
　三住妙心寺蘭叟書之　（妙心寺・第九十世・蘭秀宗薫筆）

明智光秀はその命運を消滅して隠棲し、仏門に入って潜伏、やがて徳川家康の治世になるや、天海大僧正として世に現れ、徳川三代の「黒衣の宰相」として幕府の行政を春日局《かすがのつぼね》とともに取り仕切ることになる。

この画賛は、まさにそのことを暗示しているといえる。

特に画賛中「般舟三昧を放下して去る」という表現は、生きているからこそ出て行くのだ、といえる（画賛中の年月日は光秀の出自の時ではなく、あくまでも蘭秀宗薫が画賛を密かに執筆した日時である）。

●家康と天海の最初の接点は？

天正十一年（一五八三）の賤ヶ岳《しずたけ》の戦いや翌十二年の小牧長久手《こまきながくて》の戦い、天正十四年の九州征伐などを経て、秀吉は小田原・北条氏を残してほぼ天下統一を達成した。

しかし、やがて家中での福島正則や加藤清正などの武官派と、石田三成《いしだみつなり》などの文官派の正面切っての対立や、秀吉の正室・北政所《きたのまんどころ》と、側室・淀《よど》殿との陰湿な確執の萌芽が起きる。

さらに、めっきり体力の衰えた秀吉が愛息・秀頼《ひでより》の下で豊臣政権の永続化を図るため、五大老・五奉行という集団合議制を敷くに至るのであるが、その五大老・筆頭格の徳川家康と前田利家との間でも徐々に違和感が生じる状態になる。

いよいよ徳川家康が、「光秀天海」との共同謀議の密度を高くするのに願ってもない好機が、徐々に訪れつつあったのである（ちなみに、五大老＝徳川家康・前田利家・毛利輝元・小早川隆景《こばやかわたかかげ》・宇喜多秀家《うきたひでいえ》の顔触れのうち後者の三人はまさに、「本能寺の変・秀吉陰謀説」における功労者たちであることに改めて唖然とする)。

さて家康と天海の「共同謀議の密度」と書いたが、いつ、どこで両者が相見《あいまみ》えたのかといったことは、定かではない。

しかし、雌伏二十年余の武人として天下を睥睨《へいげい》せんと渇望する徳川家康。そして、本能寺の変で突如あらぬ冤罪に貶《おと》し込まれて一族までもが全滅した明智光秀。二人にとって、豊臣秀吉は共に不倶戴天《ふぐたいてん》の敵である。両者がいつどこで、どのように邂逅したとしても決して不可思議ではない。

すなわち「光秀天海」は、本徳寺隠棲期で新たな天下の情勢を確実に把握するや、かなり早い時点から家康と誼《よしみ》を通じあったと思われるのである。

●関東天台宗総本山「川越無量寿寺北院」へ入山

「光秀天海」は天正十七年(一五八九)に関東に下り、遠縁の土岐《とき》氏である江戸崎城主・土岐景秀によって文明二年(一四七〇)に開基された天台宗「江戸崎不動院」(医王山東光寺)に入山して住職となっている。

この寺は十坊あり、末寺二十二か所の大道場である。なおかつ家康から百五十石の朱印地を受けている（茨城県稲敷郡江戸崎）。

こんな馴れ合いからもこの辺り以前に、すでに天海と家康は気脈を通じ合っていたと考えられる。

この後、天海は武蔵国仙波《せんば》（現川越市）に現れ、「川越無量寿寺北院」に入山して、同寺住職・豪海《ごうかい》に師事することとなる。

この北院はやがて「喜多院《きたいん》」と改められて関東天台宗の総本山となる。西の比叡山に比して関東の叡山、すなわち「東叡山《とうえいざん》」と号して、関東における天台宗の一大拠点となるのである。

その後約十年間、「光秀天海」はこの喜多院にあって、豪海没後は第二十七世の法統を継いで「南光坊天海」が誕生している。この辺りから南光坊天海は、徳川家の「政僧」として台頭していたのである（ちなみに「天海」の号は、この豪海から賜ったものである）。

この川越喜多院は、後の徳川家三代将軍・家光や於福《おふく》（春日局）とも大きく関わってくることになる。

すなわち寛永十五年（一六三八）の川越大火の際、喜多院は山門を残してほぼ全焼するが、時を移さず家光が再建に着手。しかも江戸城・紅葉山御殿から「家光誕生の間」や「春日局の化粧の間」までをわざわざ移築している。これは一体何であったのか。

さながら「ピアノ・天海僧正、ヴァイオリン・三代将軍家光、チェロ・春日局」が奏《かな》でるピアノ三重奏団の快演ならぬ怪演は、三人の演奏者がまさに息の合った入魂の名演奏を重ねており、徳川政権二百六十五年の礎を構築していくのである。

会津出自の南光坊随風では付け入る余地などまったくない、完璧な三重奏団である。「明智シフト」と言ってもよいであろう。

●「明智シフト」の一人、春日局の数奇な生い立ち

まずは、後々《のちのち》「生涯気儘次第」と権勢をほしいままに振るった春日局《かすがのつぼね》、すなわち斎藤利三の娘・於福の出自から紐解いていきたい。

諸資料によって於福の出自を列挙してみると、

・『広辞苑』＝徳川家光の乳母。名は福。父は斎藤利三。稲葉佐渡守正成の室。稲葉正勝（のちの小田原城主）らを産み離別。大奥に入る。よく家光の伝育に任じ、その地位を堅固にし、大奥を統率。江戸湯島に天沢寺（麟祥院《りんしょういん》）を建立。（一五七九―一六四三）

・『春日局譜略』＝春日局、斎藤内蔵助利三末女、母者稲葉刑部少輔通明女也、通明者、塩塵之孫、備中守通則之子、稲葉一鉄兄也

・『稲葉淀家譜』所載の「春日局別記」

春日局、斎藤利三之女、稲葉一鉄之外孫（養外孫）也。

稲葉一鉄―養女・於阿牟《おあむ》
　　　　　　　　║―於福（春日局）
母（明智光秀の叔母）―斎藤利三

・『寛政重修諸家譜』巻八〇〇、斎藤利三の項に、

内蔵助妻は斎藤山城守正利入道道三か女、後妻は右京進（一鉄）某か娘。

説）。

斎藤利三は美濃の富森《とみのもり》の一族で、父は伊豆守、母は光秀の叔母（高柳光壽氏説）。

徳川家の正史『徳川実記』には、「斎藤利三は、明智光秀の妹の子」とあるが、これは後世に編纂されたものなので、その出処は不明。

いずれにせよ、於福には明智の血が流れていることになる。

利三の妻は稲葉一鉄の養女だが、一鉄の妻が三条西公条《きんえだ》の娘であり、後の関わり合いからも於福の母「於阿牟」が三条西家の娘であることはほぼ間違いないようである。

ここで寸時《すんじ》「本能寺の変」に立ち戻るが、明智光秀謀叛説の主要要因に「四国問題原因説」がある。要約すれば、織田信長は長宗我部元親《ちょうそかべもとちか》に四国攻略は切り取り次第としておきながら、三男・信孝の領地配分なども勘案してか、突如、「阿州面《おもて》の事、別して馳走専一に候」（阿波の支配は三好氏に任せるので、長宗我部氏は、三好氏を援助する事＝三好氏に信孝が養子入りし実効支配する）を発令。元親は反意を固めるのであるが、これは天正十年（一五八二）に入ってからのことである。元親が自分の意に従わないとみるや、信長は信孝を総大将にして四国制覇軍を整えた。「本能寺の変」勃発前後がまさに出艦予定日であり、しかもこの元親の正室が斎藤利三の妹だったため、義弟の危機を黙止できない利三は、主君・光秀を動かして謀叛に及んだという「斎藤利三煽動説《せんどうせつ》」なのだが、私はこの説に対して「あり得ない仮説」として詳細に解明している。

この長宗我部元親も大きく関わって、以下の「於福物語」が進展するのである。

利三の父は美濃の豪族・斎藤伊豆守利次、母は幕府政所《まんどころ》執事代・蜷川《にながわ》親順の娘で、四人の子（頼辰《よりとき》・利三・妹・栄春）を出生するが、利三の兄・頼辰が本能寺の変後、姪に当たる於福のために大活躍をしてくれるのである。

頼辰は、十三代将軍・足利義輝《よしてる》の時代から幕府の御用人（外様詰衆《とざまつめしゅう》）で才気もあったのであろうか、幕府奉行衆の石谷《いしがい》兵部《ひょうぶ》大輔《だゆう》光政《みつまさ》の入り婿になる。実は頼辰の妻の妹が、長宗我部元親の正室だったのである（だから当然、利三と元親は「四国問題原因説」に出てくるような義兄弟の関係ではない。東京都港区役所の戸籍係りに聞いたところ、「何とも表現できない関係である」と言われた)。

やがて天正十年六月十四日、明智光秀が「山崎の合戦」で大敗を喫して坂本城も炎上し、必死に逃げ惑う於福と母・於阿牟一行は、一旦は比叡山山麓にでも遁れたのであろうか、最後にやっと母の生家・三条西家邸に逃げ込んだという。

明智家係累の子女たちは、光秀と深い関係があった妙心寺の塔頭、瑞松院や大心院に匿《かくま》われたり、美濃の山里や揖斐《いび》の親族の川岸やらに落ち延びたりして、その末裔を残している。

一方、石谷光政の入り婿となった利三の実兄・石谷頼辰《よりとき》は、勢力を回復した四国の雄・長宗我部元親の庇護の下、坂本(城)周辺の係累の大挙脱出の手助けをした。その中には坂本龍馬の係累である才谷《さいたに》家も含まれていたという。

かくして於福・於阿牟一行も無事に元親によって、岡豊《おこう》城(高知県南国市岡豊)に迎えられ、足掛け七年間世話になることとなるが、やがて天正十六年頃、於福・於阿牟一行は密かに上洛して、再び三条西家関連の六角堂付近に隠れて住むようになる。於福が十三歳の時、正式に三条西家に行儀見習い方々奉公に上り、名門公卿家の行事作法を学ぶこととなるのだ。

やがて十六歳で稲葉重通《しげみち》（一鉄の長男）の養女となり、十七歳で運命的な出会いである、稲葉正成《まさなり》の後妻に直ることとなるが、ここで歴史の歯車が微妙に噛み合うのだ。

●仲睦まじかった稲葉正成との突然の離婚

稲葉正成は、林物兵衛政秀《まさひで》の子で将来を嘱望され、稲葉一鉄の長男・重通の娘婿になるが、その妻（重通の長女）が二子（一男一女）を残して早世してしまう。だがどうしても正成を稲葉一族に繋ぎ止めておきたい一鉄父子が、養女としていた於福と正成を再婚させたのである。もしも長女が健在であったら、歴史上に春日局は存在しなかったことであろう。

この正成と先妻の間の一女は後の堀田勘左衛門正吉に嫁ぎ、その子堀田正盛が後刻、徳川家光の家老となる。

稲葉正成本人も、その後稲葉一族として大いに活躍をし、後に小早川秀秋の家老となる。かくして関ヶ原合戦で、主君・秀秋の値千金の歴史的な寝返り劇を演出することになる。

この演出を陰で操っていた真の演出家・天海が、後に於福と深い関わりをもって出来《しゅったい》することとなるのだ。

於福と正成は仲睦まじく、長男正勝、二男正定、(三男幼死)、四男正利と男子を出生しているが、慶長七年（一六〇二）頃突如、正成とは謎の離婚をし、於福は一族の稲葉貞通《さだみち》邸に身を寄せることとなるのである。ミステリー風に言うならば、ここに大きな伏線が張られることになるのである。

離婚の真相は単純で、於福は生来気が強く、嫉妬深い性格であり、正成が側室に子を産ませたことを憤り、その側室を刺し殺してそのまま家を出奔したと言われている。しかし、これが真相かどうかは甚だ疑問である。

この稲葉貞通は美濃郡上八幡《ぐじょうはちまん》を治めていたが、関ヶ原合戦の功によって豊後《ぶんご》臼杵《うすき》五万石の藩主になっている。慶長七年で於福が二十四歳の時である。

さて、於福の半生はここでいったん休止し、三代将軍・徳川家光の出生に触れたい。

●徳川家光は、誰の子か？

家光の父は公的には紛れもなく二代将軍・秀忠であり、生母も当然秀忠の正室（御台所）である江《ごう》の方である。

この江の方は言うまでもなく小谷城主浅井《あざい》長政《ながまさ》・お市の間に出生した三人姉妹の末娘で、生国が近江の小谷城ゆえ、江州《ごうしゅう》の「江《ごう》」と名付けられたが、姉川の合戦で織田軍に敗れた父は自刃。母・お市の方は信長の妹ゆえ、母と三人姉妹は信長に引き取られて清洲城に身を寄せていたが、さらに悲劇が続いた。

江の叔父・信長は本能寺の変で斃《たお》れ、紆余曲折の末、母お市は柴田勝家に再嫁《さいか》したがそれも束の間、賤ヶ岳の合戦で義父・勝家は羽柴軍に敗れて、北ノ庄《きたのしょう》城で勝家・母お市は自刃。

ついに三姉妹は羽柴秀吉の庇護の下に置かれる運命となり、姉・茶々《ちゃちゃ》は秀吉の側室「淀殿」となり、次女の初《はつ》は京極高次の正室になる。

一方、江は佐治《さじ》一成《かずなり》に嫁いだが、秀吉の命令で離婚させられ、秀吉の姉の子・

小吉秀勝《ひでかつ》に再嫁することとなる。しかし、秀勝は「文禄《ぶんろく》の役《えき》」に従軍して朝鮮半島で病歿してしまう。かくして、秀忠の正室として江戸に嫁がせることとなるのである。

秀吉が江を秀忠に嫁がせる時に、「そなたを江戸に与えるのだから、江与《えよ》と名乗るがよい」と命じたが、これを伝え聞いた徳川家康が、「よしんば江与に男子が出生しても、決して世継ぎにはしない！」と烈火のごとく憤ったという。

実はここにも、家光出生の伏線が存在する。家康にとって、徳川家に織田家の血脈《けつみやく》を容れることにはかなりの抵抗があったのであろう。

この江が秀忠の正室となって、三男・五女を出生している。三男とは長丸、竹千代（家光）、国松（忠長）の三人だが、長丸は慶長七年に、二歳で早世してしまう。

秀忠は、慶長十年（一六〇五）四月に徳川家第二代将軍に就いている。長男・長丸が夭折している関係で、竹千代は事実上の嫡男として三代将軍を継ぐべき一番近い立場にある。

竹千代は、江戸城大奥ではなく紅葉山御殿での出生なので、側室扱いとなり京の辻々に高札を立てて乳母《めのと》を公募した。

ところが、よりによって「織田信長暗殺の謀叛人である明智光秀」の血をひく於福を選び、わざわざ竹千代の乳母として傅《かしず》かせた。かくして於福も、三代将軍育成のために献身的に尽くすことになる。これは於福を幕府中枢に取り込むための方策と考えられる。

我が子でありながら一切手が出せないお江にとって、於福は仇敵である斎藤利三の娘である。一般的な心情としても、世継ぎを産んだ母親の責任としても、仇敵の娘に我が子の養育を任せるなど、到底ありえない。

こんな状況をお江の方はなぜ黙認できたのだろうか。また竹千代はなぜ大奥ではなく、紅葉山御殿で出生したのだろうか。そこには何か大きな絡繰《からく》りが存在していたのではないだろうか。

●家光がお江の実子ではありえない明白な証拠

結論を先に言ってしまえば、先ほどの疑問に対する答えは単純明白である。家光がお江の実子ではないからである。

徳川家康の言葉を記録したという『松のさかえ』（東照宮様御文）に、

秀忠公　御嫡男　竹千代君　御腹　春日局　三代将軍家光公

同　二　男　国松　君　御腹　御台所　駿河大納言忠長公

とあり、これが事実なら紛れもなく家光は、春日局の実子ということなる。内閣図書館秘蔵の『内閣蔵本』（慶長十九年二月二十五日付、神君家康公御遺文）という記録がある。これは明治四十年刊の図書刊行会のもので、『當代記』『駿府記』といった徳川家資料が活字本で収録されている。その末尾にも、

右は神君大御所駿府御城御安座之砌、二世将軍秀忠公御台所江被進候御書　拝写之　忝可奉拝誦之者也

秀忠公　御嫡男　竹千代君　御腹　春日局　三世将軍家光公也　　左大臣

同　御二男　国松　君　御腹　御台所　駿河大納言忠長公也　従二位

とある。つまり、竹千代の生母は春日局とはっきり書かれているのだ。
では竹千代の父は、秀忠であったのだろうか。これが次なる問題である。

●秀忠の実子でもないことを徳川家の史料から検証する

実は、家光の出生には秀忠もお江も一切関わっていなかった。

まず、『徳川実記』『暦世表』『柳営譜略』『御九族記』その他、徳川家の史料を調べ抜いて、家光の出生の「慶長九年七月十七日」から遡る二年間、「慶長七年」「慶長八年」における、徳川家康、お江の方、於福の動向を徹底チェックしてみると、次のようになる。

	慶長七年（一六〇二）	慶長八年（一六〇三）	慶長九年（一六〇四）
徳川家康	十一月に京都伏見着 二条城造営 （一時江戸帰着）	征夷大将軍に就任（祝賀宴） 豊臣秀頼と千姫の婚儀に 参列（年末迄京都在）	
お江の方	江戸城在	身重の体で娘の婚儀に参列 八月二十六日、伏見で初姫 出産　十一月末江戸帰城	
於　福	一族・稲葉貞通邸に 身を寄せる （京都在）	京都に在住、二十五歳 十月二十五日頃 （家光受胎？）	七月十七日 紅葉山御殿で 家光出産？

各々三者が以上のスケジュールと相成り、次の結論が導かれることとなる。すなわち、

・通常女性が妊娠すれば、受胎日から二百六十六日後が出産予定日となる。
・お江は、八月二十六日に伏見で初姫を出産している。江戸城に帰城した慶長八年十二月一日が受胎日としても、家光の誕生日から逆算して二百二十九日。つまり三十七日も不足しているから、家光がお江の子であるとは極めて考えにくい。
・秀忠はこの間ずっと江戸城にいたから、家光は秀忠・お江の子ではない。
・家康と於福は共に京都におり、慶長八年十月二十五日頃に於福が受胎すれば翌年七月十七日には出産できる。

かくして三代将軍・家光は、家康と於福の間の子といっても決して不自然ではないことになる。

では徳川家康と於福はいかなる手順で「相和した」のか。

もちろんその経緯は定かではないが、於福は稲葉正成と結婚して、正勝をはじめ三人の子をもうけながら、さしたる理由もなく正成と離婚し、京都在留中の家康の膝元近くに伺候していた。

「江与の子には徳川家は継がせない！」と激怒した家康は、そもそも精力家で、正室二人のほか二十人の側室がいたが、その半数が既婚者で、それも出産経験のある女性が多かった。於福が受胎したと考えられる慶長八年には、家康の十一子・鶴丸（頼房）が生まれている（家康六十二歳）。

こういった経緯を勘案すれば、夫・秀忠に対しては恐妻としていられた江与も、義父である神君・家康に対しては一切異議など唱えられる術《すべ》とてなく、ましてや時代が徳川家の天下に移行しつつある折柄、異端の竹千代を、嫡男として秀忠・お江の子として受け入れよ、と厳命されればいかんともしがたきことだったのであろう。

当然爾後のお江と於福の間には、険悪な確執が火花を散らすことになる。

慶長八年にお江は初姫を出産するが、その翌年の七月に年子としての竹千代の出産を受け入れざるを得ない状況になる。そして二年遅れで国松（忠長）を出産。水面下で、三代将軍への世継ぎを激しく争うこととなる。

●徳川家光と弟・忠長の確執には深い理由があった

慶長二十年（一六一五）の大坂夏の陣で豊臣家は完全に滅亡し、いよいよ天下晴れて徳川幕府の天下統一令が高々と発布された。天下人・徳川家康七十四歳、駿府城にて大御所政治の最後の満ち足りた年を迎えることとなる（翌年、家康遷化）。

そこで竹千代付きの乳母・於福は、「お伊勢参り」と称して家康のいる「駿府城詣で」を決行する。この時点ではまだ三代将軍の跡目が決まっておらず（於福としては竹千代の跡目相続は確信しているものの）、家康在世中の宣旨が欲しかったのである。

於福独特の嗅覚で家康の死期の近いことを悟り、三代将軍指名を明確にさせるための駿府城詣でである。宣旨が出る前に家康に急逝されてしまっては、二代将軍・秀忠とお江の意向で、国松の将軍就任というどんでん返しもあり得るからである。

於福の来府後、家康は鷹狩りのついでと称して久しぶりに江戸城に上り、孫二人と対面して、「良い子じゃ、この饅頭を取らそう」と呼びかける。

それに対して、竹千代と国松が同時に上座に上ろうとしたが、「国松はそこに控えおれ！」と一喝し、二人の兄弟に対する世継ぎ、すなわち主従関係を「饅頭下賜」を手段として教えた。

同時にこの時点で天下に、竹千代（家光）の三代将軍継承を宣下したこととなったのである。

これによって秀忠・お江の方夫妻にとっては、国松の将軍後継の夢が完全に断たれたのである。しかも「大坂夏の陣」も終わり、豊臣家が完全に滅亡した五カ月後であれば、すでにそこには豊臣家庇護の威光など、お江にはまったくなかったのだ。

かくして元和六年（一六二〇）、竹千代は元服して家光となり、元和九年七月に秀忠は将軍職を譲位し、第三代将軍・徳川家光が誕生することとなる。

一方、依然として兄・家光への対抗心の強い国松（忠長）は、寛永元年（一六二四）に甲斐、駿河、遠江など五十五万石が与えられ駿河城主なり、その二年後の二十一歳で権中納言従二位に昇り、駿河大納言忠長と呼ばれることとなったのである。

この忠長の五十五万石は、家光が将軍になった次の年でもあり、院政を執る秀忠にとっても苦肉の策であった。お江の圧力も健在であり、一説に忠長は、父秀忠に百万石と大坂城主を要求したともいわれている。

しかし権中納言に昇進したその年に、母であるお江が病没。たまたま家光・忠長両人は、御水尾《ごみずのお》天皇の二条城行幸を迎えるため京都に滞在していたが、母お江の危篤の知らせに忠長は直ちに江戸に向かった一方、家光は動かなかった。

もちろん天皇行幸の職責上当然と言えるかもしれないが、結果的には忠長も母の死に目に逢えず、家光も四日後に江戸に戻る予定を組んだが、お江の訃報が届いたので急遽帰る必要もなしとして、その後十日間近くも京都に滞在したという。同じ「生母」の訃報でありながら両者の行動の差が著しく顕著であるが、ここまで述べてきたように、家光が実はお江の子供でないと考えれば、この行動の違いも当然のことであろう。

しかもこのお江の死を満を持して待っていたかのごとく、葬儀を終えたばかりの忠長は、将軍家光から突如封を没収された。そして身柄を上野《こうずけ》高崎城主・安藤《あんどう》重長《しげなが》に預けられ、翌寛永十年（一六三三）十二月に自刃が命じられたのである。

その理由は謀叛説なり、乱行説なりいかようにも付けられようが、要は「お江の方の確執」を身を以て具現していく忠長の存在が、これからの徳川政権を安定させるためには極めて危険要因であり、しかも生母を巡って徳川将軍職の正統性などを争われては困るからである（家光は家康の実子であるから、忠長は兄秀忠の息子であり、甥に過ぎない）。

●恐妻家・徳川秀忠の意外な反抗

ところで、徳川秀忠は信長の血をひく年上の正室・お江の方に生涯頭が上がらなかった恐妻家の鑑《かがみ》であった。しかし、恐妻の目を掻い潜って、自分の乳母・大姥局の侍女お静に手を出し、幸松をもうけている。後の保科正之である。

お江の方の厳しい探索を遁れるため、江戸城では産めず、武田信玄の次女である見性院《けんしょういん》に預けて出生。この出生は秀忠側近の老中・土井利勝や井上正就の数名しか知らず、やがて元和三年（一六一七）に見性院の縁で、旧武田氏重臣の信濃高遠《しなのたかとう》藩主・保科正光の養子となり保科正之を名乗る。

このことは後に、ふとした機縁で家光の知るところとなり、かつその人となりが家光の絶大な信を得て、家光の死後も四代家綱・五代綱吉をよく補佐することとなる。

於福によって離婚劇の憂き目に遭った稲葉正成も、先妻との間に生まれた娘の子（孫）である堀田正盛が松平信綱と並んで将軍の側近になったり、さらに先述の通り関ヶ原合戦では徳川側に与《くみ》して小早川秀秋の東軍への寝返りに功を奏したりした。

また正成と於福の三人の子もそれぞれ老中に出世している。正勝は三代家光の、正則は四代家綱の、正通は五代綱吉の、老中である。正成自身を含め、稲葉家は大躍進をするのであるが、これも於福を自由の身にして徳川家康と「相和する」機会をお膳立てした功であろうか。

●三代将軍家光の「二世将軍」としてのプライド

「二世権現・二世将軍」とは、徳川家光の「守り袋」の中に収められていた紙片に書かれたものである。日光輪王寺の宝物として現存している。

紙片にはこう書かれている。

「東照大権現　将軍　心も体も一ツ也」

「いきるも　しぬるも　なに事も
大ごんげんさました《次第》（い）《い》に《に》」

家光は、このように自らが記した紙片と「守り袋」を常に身に着けていたという。

さらに朝な夕な、《東照大権現、将軍、心も体も一ッ也》＝《生きるも、死ぬるも、何事もみな、大権現様次第に、将軍こともみな、神へあり候まま、何事も思はず、神を有難く存じ、朝夕に拝み申すほかなく候……》と祈念したという。

すなわち家光の家康を崇敬することは、尋常ならざるものがあったのである。

それは、神に対する信仰に近いものがあったのであろう。

この「守り袋」の紙片は、家光の少年期に密かに書かれたものであったが、二代将軍秀忠の存命中は憚って、一切表に出すことを差し控えていた。

家光が、三代将軍でありながら「二世将軍」と称したのは、自分が家康の真の後継者たらんとしたためであるが、同時に、家康が実の父親であり、また春日局も生母であること、そして二代将軍秀忠が異母兄であることを熟知していたことになる。

その傍証として、表向きは父として従った二代将軍・秀忠（すなわち家光の異母兄）の没（寛永九年・一六三二）後、秀忠の服喪中にも拘わらず、「日光社参」を実行している。実の子であれば、とてもできない行動である。

また将軍職宣下の折の訓示が有名で、

「祖父家康公は、諸公の協力を得て天下を統一した。父秀忠は諸公と同僚の立場にあった。しかし我は生まれながらの将軍である。従って今後は、我は諸公を譜代大名と同じように臣遇致すから、さよう心得よ！」と宣言している。

さらに、二代将軍・秀忠の菩提寺を芝・増上寺に改葬したが、自身のために は、自分の実父である「神君家康大権現」が眠る日光東照宮にともに祀られるこ とを希求し、「大猷院」という御霊屋《おたまや》を造営したのである。

●徳川家光には「明智の血」が流れている

家光は生涯の師と仰いだ天海僧正の没後、明智光秀所縁の「慈眼《じげん》」を模して 「慈眼大師」と諡号《しごう》し、なおかつ自分の御霊屋の後方に小高く鎮座する「慈眼堂」 と天海僧正の墓地を設けた。つまり、「神君家康公」を護るのが自分と天海僧正 であるという構図を構築したのである。

日光東照宮に祀られているのは、「神君家康公」と「二世将軍」たる家光と、 さらに「黒衣の宰相・天海僧正」の三人のみである。「大猷院」所蔵の、この三 者が描かれている有名な「板絵」を見るにつけ、家康と家光は当然といっても、 なぜ天海僧正までもがこの地に埋葬されるのか、極めて謎めいてくるのである。

このことは、生母於福（春日局）から受け継いで自分（家光）にも滔々と流れている「明智の血脈」を仰ぎ見る、「明智光秀」に対する敬慕以外の何物でもない。会津・高田出自の「随風天海」では到底考えられない事象である。

家康と天海僧正には、家光に絡むある種の作為があった。すなわち、織田信長の血を徳川に容れることを極度に嫌っていた家康は、「関ヶ原合戦」の陰の軍功者である南光坊天海（明智光秀）に対する具体的な謝礼として、徳川家に「明智の血脈」を遺すことにした。

つまり、家光はお江の実子ではなく、光秀の血を引く於福の実子であり、父親も秀忠ではなく、家康だったのである。

そして秀忠没後、三代将軍・徳川家光の時代に入るや、天海僧正と春日局が勇躍相和して、徳川幕府二百六十年の礎を構築したのである。

それもそのはずで、於福にとって祖父にも近い光秀（天海）と己が血を分けた家光の間には、滔々と明智の血が流れているのである。切っても切れない「明智の血脈」が存続するのである。

しかも当の家光が、これまた天海僧正を祖父のように敬愛しているとあれば、徳川幕府の礎を築くのに一層の拍車が掛かるのも当然であろう。

もとより家康の治世から秀忠までの間に、すでに金地院崇伝《こんちいんすうでん》により「武家諸法度」をはじめとする諸法度が構築済みであるが（次章で詳述）、この三者の黄金トリオの時代に入ってからはますますその統制力を強めることとなる。築城の禁止や、諸大名の参勤作法も改めて、ついには参勤交代が制度化されるに至るのである。

●テレビ番組が報じた「春日局・家光実母説」の致命的欠陥

本書執筆さなかの平成二十九年六月八日、ＢＳ日テレ「片岡愛之助の解明！歴史捜査」が放送された。番組の結論は「家光は二代将軍・秀忠と春日局の子」というもので、コメンテーターは九州大学教授の福田千鶴氏。論拠は大分県・臼杵市文化財管理センター所蔵の『稲葉家・御家系典』と、徳川家・紅葉山文庫『松のさかえ』の二誌。

『稲葉家・御家系典』には、

「春日局なる者女中として御所に仕え、江《ごう》の江戸下向に伴い崇源尊夫人（江）の侍女となり、（江、上洛の間にか）容色美麗な春日局は秀忠の御胤《おたね》（竹千代）を宿す。」

とある。

一方、すでに本書でも紹介した『松のさかえ』はかなり著名で、昭和四十二年刊の『信長殺し、光秀ではない』（八切止夫《やぎりとめお》氏著）がその嚆矢《こうし》ではなかろうか。私も平成十七年・十八年の拙著に掲載しているが、「なぜ父親が秀忠で、御腹（母）が春日局なのか」をいかに読み解くかがポイントである。『松のさかえ』や一次史料に程遠い『稲葉家・御家系典』を以て「秀忠が家光の実父」と決め付けるのは短絡的すぎるのではないだろうか。

また於福（春日局）が江と共に江戸に下向し侍女となること自体奇妙な話で、しかも江の夫・秀忠の胤を宿すなど、前述の保科正之の件もあり、江の激しい気性からして到底ありえないことである。

あるいは江は「秀頼・千姫の婚儀」出席のための自身の上洛による夫・秀忠の寂しさを勘案してあえて於福（春日局）の近接を黙認したのであろうか。だとしても、叔父・信長を討った謀叛人の家臣・斎藤利三の娘とわかりながら、わざわざ侍女として傅《かしず》かせる不自然さは、とにかく噴飯《ふんぱん》ものとしか言いようがない。

第四章

関ヶ原の合戦と天海

●秀吉亡き後の家康の野望

慶長三年（一五九八）八月に、天下人・豊臣秀吉が没した。だが、豊臣家は安泰である。

秀吉は生前から五大老の徳川家康を筆頭に、五奉行たちにも、豊臣秀頼が天下を相続すべく誓文書を何枚ともなく書かせていた。加えて、枕元へ個々に各武将を招き入れては、手を取らんばかりに秀頼の天下を頼み込んでいたのである。

ところがそんな秀吉の望みも怪しくなるのには、そんなに時間がかからなかった。

秀吉の権力によって均衡を保っていた豊臣政権が、吏僚《りりよう》派と武功派の対立によって内部崩壊が表面化。かつ五大老筆頭の徳川家康がこの機に乗じ、いよいよ天下取りの野望とその布石を打ち始めたからである。

そしてとどのつまりは、家康と、吏僚派の代表である石田《いしだ》三成《みつなり》との確執の争いという構図になってしまうのである。

石田三成を評して、「偉大な小者」「清涼の士としての義・情・愛を併せ持ち、かつ並々ならぬ高級官僚としての実力と才覚を兼ね備えていた士」と言われている。

また、『甫庵《ほあん》太閤記』の巻七「五奉行之事」でも、

《石田は諫に付いては、吾気色を取らず、諸事有姿を好みし者なり》

と記されている。つまり三成は秀吉の御機嫌のみをとる寵臣《ちようしん》ではなく、時には秀吉に向かい身をもって諫言《かんげん》も呈したからこそ、秀吉は三成を重く用いたのだと言う。

秀吉の懐刀《ふところがたな》であり、側近中の側近であり、かつ最高の腹心だったのであろう。

ただし、豊臣家本位の極めて不器用者でもあったのかもしれない。そのため、能吏《のうり》としての三成と、武功派の福島正則・加藤清正との間に、期せずして最悪の確執が生じることとなったのである。

一番悪いのは徳川家康その者である。豊臣秀頼を天下人として豊臣政権の繁栄を護ると誓いながら、秀吉没後のこの豹変振りなのだから。

とは言うものの、家康とて雌伏二十数年、今川義元の人質から端を発し、織田信長の義弟に祭り上げられ幾多の戦場を信長のために身を挺して潜り抜け、「三方ヶ原合戦」「神君・伊賀越え脱走劇」では死をも覚悟した恐怖とも隣りあわせだった。さらに秀吉の陰謀（「本能寺の変」）にあって、鳶《とんび》に油揚げを攫《さら》われるがごとく信長の天下を攫われ、やっと己が命脈の灯の明滅に見合う時期に、天下取りの好機が転がり込んできているという状況である。

藁《わら》をも摑まんばかりの心情で、どんな穢《きたな》い手を使ってでも天下取りを達成したいと思うのは当然である。そして歴史を創るのは常に勝者であるから、どんな手を使おうとも、堂々と正義の名の下に書き換えることができる。

しかも、家康の膝下《しっか》間近に近接していたのが、同じく「秀吉の陰謀」で悲惨な冤罪を蒙《こうむ》り、小栗栖で死んだと思われていた光秀（天海）であってみれば、関ヶ原合戦の見所は自ずと変わってくる。

●関ヶ原の合戦の前に存在していた、天下分け目の決戦

慶長五年（一六〇〇）、いよいよ天下分け目の関ヶ原の合戦が始まる。

このような「天下分け目の合戦」の嚆矢《こうし》としては、明智光秀と羽柴秀吉が大山崎周辺で戦った「山崎の戦い」がある。この戦いを「天下分け目の天王山」と呼称するところから始まったようだ。

『広辞苑』を見ても、「京都府乙訓《おとくに》郡大山崎町にある山。標高270メートル。淀川を挟んで男山に対し、京都盆地の出入口を扼する形勝の地に富む。天正十年羽柴秀吉と明智光秀とが山崎に戦った時、この山の占領を争い、秀吉の手に帰した。これが両軍の勝敗を決したから、勝負の分かれ目を「天王山」という」とある。

すなわち明智光秀が山崎の戦いで大敗を喫したのは、天王山を先取できなかったことに起因するというのだが、この表現は児戯の表現にも等しい。

明智軍はいつでも天王山を先取する機会があったが、それを実行しなかったの

は明智軍が羽柴軍に比べてあまりにも寡兵《かへい》であったからだ。
天王山を先取すれば狭い西国街道の隘路《あいろ》を塞ぎ、大軍を迎撃することができる最高の場所といえるのだが、光秀は自軍があまりに寡兵ゆえ、先取を放棄したのだ。

だが光秀とて歴戦の名将の一人である。まずは天王山に二千ほどの兵を配し、その天王山と淀川周辺の最も狭隘《きょうあい》な山崎の地帯に馬防柵《ばぼうさく》を数多《あまた》設け、秀吉軍がその隘路《あいろ》と馬防柵に手こずる間に、五百人ほどの精鋭が数回、天王山から奇襲攻撃を仕掛けて、秀吉軍の側面を衝き大混乱に陥《おとしい》れる。このような作戦を、光秀はなぜとらなかったのか。

その理由は、大山崎町歴史資料館の史料『山崎の合戦』にある、「大山崎と禁《きん》制《ぜい》」にありそうだ。荏胡麻《えごま》油の独占販売で繁栄した大山崎は、「大山崎惣中《そうちゅう》」と呼ばれる自治組織を結成していたが京都盆地の入り口という地理的立地条件が災いして、権力者たちの戦争に巻き込まれることが度々重なった。つまり、市街の戦場化や放火・乱暴狼藉などのリスクを負ってきたので、その保全が必要となってきた。

そこで禁制の制度が出来《しゅったい》する。「禁制」とは、その時点の為政者（戦闘者）に対して、軍事力を担う見返りに「禁制事項」を保全してもらうものである。

実際、山崎の戦いでは六月三日に明智光秀から、また六月七日には織田信孝から、この「禁制」を獲得していた（実際は秀吉軍だが、狡猾な秀吉は遅参の信孝を総大将にして戦った）。

明智光秀の禁制を見てみよう。

禁制　　大山崎
一、軍勢甲乙人濫妨狼藉事
一、陣取放火事
一、相懸矢銭・兵糧米事
一、右条々堅令停止訖、若於違反之
輩者、速可処厳科者也、之下
知如件
天正十年六月三日　日向守光秀（花押）

つまり謹厳実直な光秀は、自らが発給した禁制事項に逆に束縛されて、陣取り作戦にも融通性を欠いたのである。これに対して、信孝・秀吉軍は禁制を無視し、一方的に攻めまくるだけだった。

羽柴軍の東上の予想外の速さ、大山崎惣中に発した禁制事項、さらに寡兵のため、光秀は効果的な羽柴軍迎撃作戦の布陣に逡巡し、あたら好機を逸してしまったのである。

しかし、この「天下分け目の天王山戦」を勝利した秀吉といえども、それで即、天下を取れたわけではない。天下取りへのほんの前哨戦《ぜんしょうせん》に過ぎなかった。まして、天王山が天下取りの代名詞となる謂《いわ》れなどなかったのである（この経緯は拙著『本能寺の変　秀吉の陰謀』に詳述した）。

●天下分け目の合戦としては時期尚早だった関ヶ原

山崎の戦いに比べると、「関ヶ原の合戦」こそ天下分け目の一大合戦といえよう。

ところがこの一大合戦も、実は雌伏二十年の天下を狙う徳川家康と、恩顧を受けた豊臣家繁栄の確執に賭けた石田三成の対戦に過ぎず、豊臣家と徳川家が雌雄を決す天下分け目の決戦としては時期尚早だった。

関ヶ原の合戦は、徳川家康の仕掛けた罠ともいうべきものであり、石田三成がまんまとその罠に嵌《はま》ってしまったといえよう。

先にも記したが、太閤秀吉没後、さまざまな問題が水面下で起きてくる。徐々に醸し出される豊臣家中での、福島正則や加藤清正らの武官派と石田三成など文官派との正面切っての対立。秀吉の正室・北政所と側室・淀君の陰湿な確執の萌芽《ほうが》。さらに、秀吉の愛息・秀頼の下で豊臣政権の永続化を図るために設けられた五大老・五奉行という集団合議制間にも聞こえてくる不協和音。その五大老の筆頭格の徳川家康と前田利家の間でも、徐々に違和感が生じる状態となる。

こうして、徳川家康と光秀天海の共同謀議の密度を高くするのに願ってもない好機が、徐々に訪れつつあったのである。

では、天下分け目の関ヶ原の合戦を制した原動力は、一体何であったのか？

●秀吉恩顧の武将たちが家康側についた真の理由とは？

もちろん、石田三成の「豊臣家死守」という大いなる焦りの確執もあったであろうし、小早川秀秋軍の歴史的な裏切り劇もあったが、これらは後々の結果である。

ここで問いたいのは、秀吉恩顧の武将たち、特に福島正則、加藤清正らの面々の言動である。

加藤虎之助（清正）は、秀吉と同じく中村在の村出身。母が仲《なか》（秀吉の母）の従妹で、穴太石工《あのういしく》との間に生まれた息子だったといわれている（だから後年、築城の名手だったのだろう）。また、福島正則も同じく中村在の村出身。秀吉の遠縁にあたり、大工・桶屋の息子だったといわれる。

彼らは、子供のいない於祢《おね》（秀吉の正室）に可愛がられて幼少の頃から近習として秀吉に仕え、やがて豊臣家の有力な武将に成長していったのである。

結果的に北政所は淀殿に対抗して徳川家康に阿《おもね》ることとなり、彼女に可愛がられていた加藤清正や福島正則も家康の側につく。かくして家康は、天下を制する大いなる機運を得ることとなる。

さらに家康は決戦に向かっていく秀吉恩顧の武将たちの動静を巧みに捉え、「秀頼さまを決して粗略に致さぬ」という殺し文句で、加藤清正・福島正則らの心情を見事に捉え、あまつさえ、敵方の淀殿側にも安堵感を植え付けることに成功するのである。

この殺し文句「秀頼さまを決して粗略に致さぬ」は、老雄にして名優・徳川家康を当時すでに自在に操る陰の演出者「光秀天海」が考えたものではないだろうか。天海は、さらなる脚本の想も練っていたのであろう。

ここで一言付記しなくはならないが、肝心の豊臣秀頼は、実は太閤秀吉の実子ではない。

このことを、加藤清正や福島正則らは気付いていた。彼らが関ヶ原の合戦の際に東軍へ参陣したのは、「治部《じぶ》（三成）憎し！」という感情的な要因とは別に、このことも要因のひとつになっていたのである。

●豊臣秀頼が秀吉の実子ではありえない理由

秀吉は数多《あまた》の妻妾《さいしょう》を持ちながら、残念ながら子宝に恵まれなかった。秀吉は「大の色好み」と言われながら必死に後継者を作るために励んだが、結果として子宝に恵まれなかった。生来の無精子症だったのであろう。

こんな逸話がある。側室の一人が病を患って、大判一枚を拝領して宿下がりをした。やがて病も癒えたその女人が僧と結ばれ、一子をもうけたが、伝え知った秀吉は夫婦を捕えて鋸刑《のこぎりけい》に処し、嬰児《えいじ》と乳母は釜茹でに処したとある。自分に子を為せなかったことが、よほど悔しかったのであろう。

ところが側室淀殿だけから、鶴松（早世）と秀頼の二人を授かっている。普通はとてもありえないことである。

江戸時代になってからは、大坂夏の陣に殉じた家臣の大野治長《おおのはるなが》の子だとする説が広まった。

九州大学名誉教授・服部英雄氏は自著『河原ノ者・非人・秀吉』（山川出版社）

で、「豊臣秀頼は非実子」説を提唱する。以下、要約する。

《秀頼の誕生日である文禄二年（一五九三）八月三日から逆算し、受胎が想定される前年の天正二十年十一月四日前後に秀吉と茶々（淀殿）が同衾《どうきん》した可能性を検討した。

秀吉は同年十月一日に朝鮮出兵の基地・名護屋《なごや》（佐賀県唐津市）に向け大坂城をたち、翌年八月まで滞在した。秀吉の子を宿したとすれば、茶々も同行していなければならない。》

茶々の名護屋同行の根拠とされてきたのは、名護屋に従軍した平塚滝俊《たきとし》の日記にある「茶々が同行しているらしい」という記述のみである。しかしほかの多くの史料を再検討した結果、茶々の名護屋滞在を示す根拠はなかった。名護屋に側室・京極龍子（松の丸殿）が滞在したことははっきりしており、服部氏は「平塚の日記は龍子を茶々と誤認したもの」と結論づけている。つまり、茶々は名護屋には行かなかったということになる。

秀吉は茶々の懐妊中の文禄二年五月二十二日、正室の北政所に、「太閤の子は鶴松のみ。今度生まれる子は茶々一人の子でよいだろう」と書き送っている。従来は正室への遠慮から、喜びを抑え隠した文面と解釈されてきたが、よく考えると実に不可解な記述である。服部氏はこれを「秀吉や北政所も懐妊の不自然さに気付いたため」と読み解いている。

さらに秀頼生誕後の文禄二年十月、大坂城の大勢の女房と僧、唱門師《しょうもじ》（宗教的芸能者）が秀吉の命で処刑、追放された。

公卿の日記『時慶卿記《ときよし》』によれば、大坂城での「妄《みだり》ニ男女ト之義」が問題にされ、唱門師が「金銀多取候罪」で追放、また大勢の女房が「御成敗」された、とある。この頃日本にいた宣教師・フロイスも、「女房や仏僧三十人以上が処刑された」と伝えている。

この処分は単なる風紀の乱れを咎《とが》めたのではなく、茶々や側近が僧や唱門師に「金銀」を与え、「子授け祈禱」を行ったことを咎めたもの、というのが服部氏の見立てである。

だが、関係者の多くを処刑しながら、何故秀吉は茶々を赦《ゆる》したのか。つまり、なぜ秀頼を実子として認めたのか。

「茶々はかつての主君、織田信長の姪。織田家の覇権を簒奪《さんだつ》した秀吉にとって、茶々が子を産むことは望ましかった」と服部氏は断言する。

秀吉恩顧の武将である加藤清正・福島正則、さらに浅野長政、木下勝俊らにしても、これからの豊臣家への献身はさておいて、自分たちの育ての親ともいうべき北政所を蔑《ないがし》ろにする淀殿と、太閤秀吉の実子ではない豊臣秀頼を倶《とも》に戴くことには、寂しさとやりきれなさがあったのであろう。だから彼らは東軍へ参陣したのである。

かくして家康は、関ヶ原の合戦において「漁夫の利」を得た心地であったろうが、家康ブレーンである天海は、まだ手を抜かない。

蛇足だが、秀吉の側室・京極龍子（松の丸殿）も秀吉没後、他に嫁《か》して子をもうけている。つまり秀吉との間では子ができなかったが、別の男性とならば子を産める側室が少なくとも三人いたことになる。百人近くいた側室たちのほとんどが、相手が秀吉でなければ子を産めたことであろう。

●わずか数時間で決した「天下分け目の大合戦」

関ヶ原の合戦模様はつとに有名な展開なので簡略化したいが、この関ヶ原の合戦の発端は、慶長五年（一六〇〇）六月十日、会津の上杉景勝《うえすぎかげかつ》が上洛を拒んだということを理由に、家康が自ら討伐軍を率いて大坂城を発ったことから始まる。

もっとも、当の上杉景勝にしてみれば、旧領の越後から会津に転封されたばかりか、太閤秀吉の弔問を終えて会津に帰国したのは昨年九月のことであり、いかに五大老の一人とはいえおいそれと上洛できる状態ではなかったのである。

つまり、この会津攻めは家康の狡猾《こうかつ》な手段であり、上方を留守にすることによって石田三成の挙兵を誘い、反徳川勢力を一掃しようとするのが本当の狙いである。

その狙い通り、三成は動き出す。三成は佐和山城に蟄居《ちつきょ》中だったが急遽大谷吉継《おおたによしつぐ》を説得し、毛利輝元を西軍の総大将として大坂城に迎え入れるとともに、「この好機に内府（家康）を討つことこそ、秀頼様を御安泰に導き、故太閤殿下の御恩顧に報いる道」と獅子吼《ししく》してその正当性を訴えた。こうして、むざむざと家康の罠に嵌り込むのである。

かくして、同年九月十五日に東軍約八万九千兵、西軍約八万二千兵でその火蓋が切って落とされた。

ちなみに、明治十八年（一八八五）、陸軍大学校の教官として招請されたドイツのクレメンス・メッケル少佐は、関ヶ原合戦の陣形を見て西軍の勝利を即座に予測したという。西軍の布陣は、中国の兵書にある「鶴翼《かくよく》の陣」であり、東軍を大きく囲い込む陣形で展開していたからである。

当時の様子を、時系列で見てみよう。

・午前一時頃、石田三成隊が関ヶ原に着陣。
・午前五時頃、西軍が布陣を了《お》える。
・午前二時頃、家康の命令で東軍が関ヶ原に向かい、午前六時頃、布陣完了。
（この頃、関ヶ原一帯に濃霧が立ち籠める）
・午前八時頃、東軍・井伊直政の一隊が抜け駆けして西軍に銃撃。戦闘が開始される。
・午前九時頃、東軍・黒田長政、細川忠興、加藤嘉明《よしあき》らが西軍・石田三成隊に猛攻を加えるも押し返される。東軍・藤堂高虎、京極高知隊は西軍・大谷吉継隊と支隊に対し攻撃。東軍・福島正則隊は西軍・宇喜多秀家隊を攻撃。
・午前十時頃、西軍優勢の中、徳川家康本陣が桃配山《ももくばりやま》から激戦地すぐの陣場《じんば》野《の》へ前進。
・午前十一時頃、石田三成隊が松尾山《まつおやま》の小早川秀秋隊らに向けて、参戦を促す狼煙《のろし》を上げる。
・正午頃、石田三成隊が松尾山の小早川秀秋隊に向けて、再度参戦を促す狼煙を上げる。
・午後一時頃、突如、小早川秀秋隊及び、小早川隊の横にいた朽木元綱《くつきもとつな》、脇坂安治《わきさかやすはる》、小川祐忠《おがわすけただ》、赤座直保《あかざなおやす》隊らが一斉に寝返り、西軍・大谷吉継、小西行長、宇喜多秀家隊が崩れ退却。西軍が総崩れの様相となる。（大谷吉継隊のみその場で奮戦か？）
・午後二時頃、たまりかねた石田三成隊も戦場を脱出。

・午後三時頃、西軍・島津義弘隊が伊勢街道から戦場離脱を図り、敵中を突破。
東軍・井伊直政隊らが追撃するも義弘は逃走する。

以上が「天下分け目の大合戦」のハイライトである。夕刻には東軍の大勝利で了《おわ》ってしまったのだ。

いくら前述のドイツ人の教官、クレメンス・メッケル少佐の慧眼《けいがん》をもってしても、「鶴翼の陣」とは名ばかりで、西軍の布陣は「烏合《うごう》の衆軍団」もしくは「日和見《ひよりみ》主義軍団」というべき集団だったのだ。

八万を超える大軍とはいいながら、実際に合戦に加わっていたのは石田隊、小西隊、宇喜多隊、大谷隊らの三万五千兵程度である。それでも、前半は西軍優勢に戦局を進めているのだから、毛利、小早川隊、及び脇備えの朽木、脇坂、小川、赤座隊なども合流して一気に攻勢に転ずれば、東軍壊滅の大チャンスであった。

三成は、小早川秀秋隊（一万数千）の総攻撃を期して再度に亘って狼煙を打ち上げたが、それが徒労に終わるどころか、逆に西軍大敗北の因となる「大寝返り劇」となり、瞬時に西軍は、予測もしなかった大敗走を強《し》いられることになっててしまったのである。

●秀吉の死後、すぐに結成された「徳川幕府設置準備委員会」

関ヶ原の合戦は、家康が打った大博打である。しかもこの戦いによって、天下取りに向かう己の敵味方を篩《ふるい》に掛けることもできた。家康に味方すると言いながら、一歩過《あやま》てば明日は敵にも回りかねない武将の存在にも、気付いたことになる。

黒田長政などをフル回転させて、吉川広家《きつかわひろいえ》暗躍などの勘所を押さえることをおさおさ等閑《なおざり》にしなかった家康の狡猾さも、東軍勝利の一因である。しかし、何にもましてこの東軍大勝利の止めを刺すものが、小早川秀秋隊による「大寝返り劇」であった。

小早川中納言金吾秀秋は、秀吉の正室・於祢《おね》（高台院）の甥に当たる。於祢の兄・木下定家の五男である。一向に子に恵まれぬ秀吉夫妻は秀秋を養子にし、於称が養育した。養子としての順位は関白秀次の次に位置して高かったが、やがて秀頼が生まれてしまったためにその立場が激震。

余命短い秀吉の「後継者秀頼」造りに翻弄されて、関白秀次はあらぬ謀叛の嫌疑をかけられて自決。一方秀秋は、小早川家の養子に出された。当初秀秋は、後継者がいなかった毛利輝元への養子として狙われたが、毛利本家に異端の血を容れぬようにと、小早川隆景（毛利元就の三男）が自ら名乗り出て自分の養子にした。かくして秀秋は、三十三万石所領の身となったのだ。

秀秋は、慶長の役で総大将として渡海し指揮を執ったが、「蔚山《ウルサン》の戦い」で敵軍が浮足立ったと見るや、総大将の身でありながら雑兵のように首狩りに狂奔。その軽挙に怒った秀吉から帰国を命じられた。越前北庄十二万五石に転封されかけたが、家康の老獪なとり成しでことなきを得た。だが己の行為を武勇と解する秀秋は、自分に対する叔父・秀吉のマイナス評価は石田三成の讒訴《ざんそ》のためと逆恨みをした。

関ヶ原の合戦に際してその三成から、「秀頼様御成人（十五歳）まで関白職を」と唆《そそのか》され、さらに西軍の要《かなめ》としての参戦を委嘱されて大いに逡巡したという。

だがここから、光秀天海グループの小早川秀秋への猛タックルが始まるのである。

徳川家康が打ってきた一連の天下取りへの布石や石田三成との確執は、家康と側近中の側近・本多正信の二人のみで作り出したものではない。

すでに秀吉没後直後から、天海僧正（光秀天海）を主座にして、着々と「徳川幕府設置準備委員会」（家康ブレーン）なるものが進捗していたのだ。雌伏二十数年の老い先短い家康の、天下取りの夢を達成するための第一段階である。

まず、秀吉亡き後の豊臣家臣団の軋轢《あつれき》と分断を惹起《じやつき》させねばならない。すなわち「太閤懸命」の石田三成をターゲットとして、豊臣家臣団の分裂を引き起こして自浄作用を強める。家康自身がさながら「活性酸素」の役割を演じて、豊臣家中にガンを発生させ大手術の実行を迫るのである。

大手術の執刀医には事欠かない名医揃いである。家康が死ぬ五年前あたりで天海僧正を主座に据え、錚々《そうそう》たる幕閣の面々が居並ぶ。すなわち、家康側近筆頭の本多正信（後に子の正純）、文教政策ブレーンの儒学者・林羅山《はやしらざん》（とその師の藤原

南光坊は僧侶なのになぜ関ヶ原の合戦に参戦したのか

惺窩《せいか》)、外交・思想政策ブレーンの以心《いしん》(金地院《こんちいん》)崇伝《すうでん》、吉田神道の神龍院《しんりゅういん》梵《ぼん》舜《しゅん》、商人の茶屋四郎次郎、亀屋栄任《えいにん》、貿易顧問にウイリアム・アダムス(後の三《み》浦按針《うらあんじん》)、ヤン・ヨーステンなどが連座していたのである。

ただし、以心崇伝が徳川家康と初めて接触したのは慶長十三年(一六〇八)、相国寺の西笑承兌《さいしょうじょうたい》の推薦で、という史料がある。神龍院梵舜も永年秀吉に追従しており、徳川家への参画は崇伝と同じ頃であろうか(梵舜は吉田神道の当主・吉田兼見の実弟でもある)。

したがって、豊臣家政権・第一次淘汰の計画が練られたのは、豊臣政権打倒と滅亡の理念を共有していた徳川家康と光秀天海、そして側近の謀臣・本多正信や茶屋四郎次郎あたりであろう。こうして、関ヶ原の合戦に至るプロセスが構築されていったのである。

関ヶ原町歴史民俗資料館蔵の「関ヶ原合戦図屏風」をよく見ると、画面中の「家康本陣前」には、戸田氏鉄《とだうじてつ》とともに、僧形で甲冑姿の「南光坊」が鎮座ましまし、戦況の注進を受けている。これは驚きの極みである。いかに比叡山延暦寺で「天台教学」を学んだ碩学《せきがく》の高僧とはいえ、戦さを全く知らない会津出自の

「南光坊随風」では、とうてい考えられない光景である。

なお、浅草寺の史料には、天正十八年（一五九〇）の小田原北条攻めの折にも、徳川家康の陣幕に浅草寺住職・忠豪共々南光坊も参陣して居た旨の記述がある。この頃にはすでに家康と光秀天海が近接していた事実が窺える。

●小早川秀秋の裏切りのきっかけとなった、四人の武将と天海の意外な関係

いよいよ、小早川秀秋の家老として、平岡頼勝《ひらおかよりかつ》ともども秀秋に近侍している於福の前夫・稲葉正成の登場となる。

合戦当日、小早川秀秋隊は一万数千の陣を松尾山に布《し》くのであるが、優柔不断の小早川隊の麾下《きか》に、目付役を兼ねて大谷吉継隊が着陣していた。実はその中腹に朽木元綱、脇坂安治、小川宏忠、赤座直保隊ら四隊も轡《くつわ》を並べて随陣していたのである。

通説では西軍優勢下の攻撃中に一斉攻撃に転ずるべく、石田三成が再度に亘って総攻撃の狼煙《のろし》を上げるが小早川隊は一歩も動かず、一方徳川家康も、約束通り

寝返るはずなのにその素振りを一向に見せない小早川隊に業を煮やし、小指の爪を噛みながら松尾山に威嚇射撃を命じるや、秀秋はたまりかねて出撃命令を下したという。

だが私はそうは思わない。実際に松尾山に赴き、小早川隊の陣址に佇《たたず》んでみてわかったことだが、家康本陣は小早川隊のはるかに眼下である。いくら家康軍が威嚇射撃をしたとしても、大合戦中の関ヶ原にあっては、線香花火程度の威嚇感であったことであろう。

実はそうではなく、近くの朽木《くつき》元綱《もとつな》、脇坂安治《わきさかやすはる》、小川祐忠《おがわすけただ》、赤座《あかざ》直保《なおやす》の四軍がまず先陣を切って一斉に寝返り、近接の大谷吉継隊、および宇喜多秀家隊に向かって総攻撃を仕掛けたのである。この寝返った小大名たちは皆、明智光秀と過去に深い関わり合いがあった。

朽木元綱は姉川の戦いにおける金ヶ崎退口《のきぐち》で、絶体絶命の織田信長を京都まで遁走させた梟雄《きようゆう》であり、一時光秀の娘婿・織田信澄の与力となり光秀に近かった。

脇坂安治は初期には明智光秀に従い丹後黒井城攻撃に参戦。後《のち》に羽柴軍に配属され、いわゆる賤ヶ岳合戦での七本槍の一人。

小川祐忠は山崎の戦いで明智軍として戦ったが、後に遁れ柴田勝家の養子・勝豊の家老を務めた。だが勝豊が賤ヶ岳合戦の際に豊臣方についたため、以後は豊臣家家臣となる。

赤座直保は、父赤座七郎衛門と光秀の間に親交があった。豊臣家に仕え大谷吉継隊にも加わったが、小早川秀秋隊に付いて東軍に寝返った。

つまり、この合戦の核心は、小早川隊ではなくその横にいた朽木、脇坂、小川、赤座四隊が寝返ったことである。

それに連動して、小早川秀秋隊もついに寝返りを決行せざるを得なくなったのである。いわゆる「後出しジャンケン」である。だが結局は大寝返り劇の主役に祭り上げられ、これによって東軍の大勝利に貢献したとされた。

先の四隊への説得工作には光秀天海の他、同じ近江出身で光秀に近かった藤堂高虎も強力に加わったといわれている。小早川秀秋隊には於福の前夫・稲葉正成が家老として深く関わっており、さしずめ稲葉正成の功績は「殊勲甲」に値するものであった。

世紀の寝返り劇の主役は小早川秀秋に代表され、この内応工作には黒田長政が大きく関わったといわれているが、今見たように、先の四隊の長と明智光秀の間にはすべて因縁がある。光秀（天海）が彼らに何らかの働きかけをしたことで彼らが寝返ったのが主要因であったことが十二分に考えられるのである。

つまり、この大寝返り劇には、強い絆で結ばれた家康と光秀天海（南光坊）の影が見え隠れするのである。それはまず自らが強い影響力を持っていた朽木隊ら四隊への見事な対応、また於福（春日局）が前夫・稲葉正成を通じ、筆頭家老の立場から主君・小早川秀秋の東軍への寝返りを強行させる対応と、二重の楔《くさび》を打っていたことになる。

小早川秀秋はこの合戦の最大の功労者として、備後・備中・美作《みまさか》五十万石の太守として過分の俸禄を与えられた。しかし、「寝返り者は二度寝返る」と陰の風評もはかばかしくなく、また寝返り劇を強要された家老・稲葉正成とは不仲となり、正成は小早川家を離れた。かくして秀秋は、不遇のうちに二十一歳の若さで悶死し、小早川家は断絶したのである。

一方、裏切り劇の功労者であり、浪人となった稲葉正成には、後程、特別ボーナスが設けられた。春日局の計らいで、越前松平忠直の弟・忠昌の家老（二万石）に取り立てられるのだ。

今一度、「関ヶ原合戦図屏風」を思い出していただきたい。その屏風の家康本陣前に、僧形で甲冑姿の「南光坊」が描かれているのはなぜだろうか。

関ヶ原合戦勝利の帰趨《きすう》には南光坊（光秀）の功績大なりとの噂が残るほど、かつて光秀の息のかかった武将たちの行動が目覚ましかったからである。

●細川ガラシャの悲歌《エレジー》

関ヶ原の合戦の余談として、一人の武将夫人の凄惨な死が伝えられている。東軍に属した細川忠興《ただおき》の妻にして明智光秀の娘、細川ガラシャの死である。

関ヶ原の合戦を前にした石田三成は、大坂在住の武将の妻たちを人質として集める手段に出たのであるが、これを拒否するガラシャは、徳川方に参陣する夫への操を立てて死を選ぶ。しかし、基督教信者には自決が赦されず、家臣の小笠原《おがさわら》少斎《しょうさい》の手にかかることとなる。

不思議なことに、近隣の大名である加藤清正や黒田長政らの奥方は皆逃げている。それだけではない。細川家でも長男・忠隆の妻・千世《ちよ》や、ガラシャの娘・多羅《たら》姫・万《まん》姫、また忠興の伯母の宮川殿らも無事に逃げおおせていた。なぜガラシャだけが逃げなかったのか。大きな疑問である。

本書の第一章で、ガラシャの夫である細川忠興の父・藤孝と明智光秀の関係に触れた。そこでも触れたように、光秀ははじめ将軍側近のお側衆であった細川藤孝の足軽・雑用係りの中間《ちゆうげん》（小者《こもの》）として仕えていた。その主従関係の後、幕府の足軽衆に格上げされ、さらに足利義昭＝織田信長合体の足利幕府が再興されるや、足利幕府と織田家、両家の路線を円滑に進捗させるべく、幕府側から織田家へ派遣された出向役員であった。

しかし、単なる宛てがい扶持《ぶち》の出向役員で終わることはなかった。光秀の資質を信長が見抜いたのである。政務・軍事面できちんとその役割をこなす光秀を、己が軍団の正式役員に組み入れたかったのであろう、信長は自分の家臣とした。そして織田家で、抜群の出世頭となるのである。

一方細川藤孝は、主人の将軍義昭に度重なる信長への造反の非を諫《いさ》めていたのだが、かえって不興を買って疎《うと》まれ、天正元年（一五七三）についに将軍義昭を見限って信長に臣従するのだが、時すでに遅く光秀は織田軍団の中堅役員として出世していた。

つまり藤孝は、かつて光秀が仕えていた主家であるという面子《めんつ》が潰されてしまったといえる。しかも藤孝は、光秀が率いる近畿管領軍の一寄騎《よりき》として組み込まれており、まさに主従関係の逆転さながらである。

そのような状況を思いやってか、信長は自らが仲介して光秀の娘・玉（後のガラシャ）を藤孝の嫡男・忠興に娶《めと》らせているのだが、やはり藤孝には光秀に対する潜在的な羨望と妬みがあったのであろう。

だからこそ藤孝は、光秀を謀叛の囮《おとり》として使う羽柴秀吉の筋書きに応じた三人組（吉田兼見、里村紹巴《さとむらじょうは》、細川藤孝）の一人となったのである（拙著『本能寺の変 秀吉の陰謀』で詳述）。

本能寺の変の後、藤孝父子は玉をすみやかに離別して宮津の山奥の味土野《みどの》に幽閉するとともに、元結《もっとい》を切って剃髪して信長の喪に服した。さらに光秀の誘降も断り中立を宣するのだが、中立とは名ばかりで、羽柴方に与《くみ》したも同然である。

だから、後刻羽柴秀吉が藤孝父子に発給した有名な『起請文《きしようもん》』が残っているのである（詳細は拙著参照）。

いつの世もそうだが、特に戦国時代という極めて不確実な世界では、その時代を的確に読み取って生き残りをはかる強《したた》かさがなくてはならない。すなわち、その時代の「体制」を見極める鋭い洞察力を持ち、かつその体制に阿《おもね》っていくしか、生き残れる道はないのだ。だからこそ細川藤孝父子および吉田兼見、里村紹巴（すなわち前述した秀吉の筋書きに応じた三人組）は、織田信長・豊臣秀吉・徳川家康と三代にわたって知遇を受け、かつ家名を末代まで伝えているのである。

かくして忠興は、岳父・光秀への加勢も峻拒《しゆんきよ》し、ただちに妻・玉を離別して辺鄙《へんぴ》な味土野に幽閉して二年後、秀吉に赦されて玉と再婚、次男、三男をもうける。しかし、玉は謀叛人の娘という烙印を押され、夫婦間は不仲となる。このため、玉の心情は苦闘と深い憂愁に閉ざされていく。

そしていつしか、基督教にその救いを求めて、紆余曲折の末やっと洗礼し「ガラシャ」（神の恩寵）という教名を授かる。夫・忠興は厳しく棄教を迫るが、ガラシャの心はすでに峻烈《しゆんれつ》な切支丹《きりしたん》の信者そのものであった。

そんな折の、石田三成による人質要請である。ガラシャの行動は、秀吉に加担して父・光秀を冤罪に追い込んだ細川父子への、死を賭《と》しての無言の抗議としか考えられないのである。

一方、ガラシャの父である光秀天海としても、徳川家康と共通の大願成就の遂行に向かっている身としては、いかに最愛の愛娘《まなむすめ》とはいえ、その経緯を漏らすわけにはけっしていかなかったのであろう。

もちろん当のガラシャとしても、畏敬の父・光秀、また実弟の光慶《みつよし》（本徳寺住職・南国梵珪《なんごくぼんき》）の生存など、夢想すらしていなかったことであろう。

光秀にとっても梵珪にとっても、ガラシャへのこの非情な看過こそが、秀吉への「雪冤《せつえん》」（無実の罪を濯《そそ》ぎ、潔白であることを明らかにすること）を果たすための必須条件であった。

万が一ガラシャが窺い知ることになれば、夫・忠興への対応も不自然なものとなり、光秀天海の生存も細川父子にいつしか漏れることとなったであろう。

天海にしてみれば、ガラシャの不条理な死をも傍から看過して、ただただ滂沱《ぼうだ》するのみであったのであろう。

●「関ヶ原の合戦」の後十五年間、待ち続けた家康

なかぬなら殺してしまえ時鳥　織田信長
鳴かずともなかして見せふ杜鵑　豊臣秀吉
なかぬなら鳴くまで待てよ郭公　徳川家康

右の狂句は、当人たちの性格を端的に言い現して妙である、と古くから人口に膾炙《かいしゃ》している。私も、一体誰が詠んだのだろうかと、常々感銘を受けていた。ところが、資料を渉猟しているうちに、この有名な狂句が松浦静山《まつらせいざん》の『甲子夜話《かっしやわ》』に記載されていることが解った。

松浦静山はなかなか粋な平戸藩主で、隠棲後もいろいろと風流を愉しんだ御仁らしく、「ほととぎす」も、時鳥、杜鵑、郭公と鳴き（書き）分けてもいる。

余談ながら、本書の中心人物である光秀だったらどんな狂句が当てはまるのであろうか。ところが『明智光秀公顕彰会』機関誌『桔梗』に、

鳴かぬなら放してやろう杜鵑　明智光秀

という句が載っていたのである。きわめて心根が優しい光秀である。もっとも

これは松浦静山ではなく、明智光秀公顕彰会会員のどなたかの説だったと思うが

……。

それはさておき、関ヶ原の合戦で天下人に一気に王手を掛けながら、その後家康は十五年をかけている。さすが「鳴くまで待てよ」の家康である。さしずめ「殺してしまえ」の織田信長だったら、二年もかからずにケリを付けたことであろう。

ところが家康は、「桃栗三年・柿八年」どころか、天下が実るのを十五年間、様々な仕掛けをしながら待ち続けたのである。

一方光秀天海も、「天網恢恢、疎而不失」（天の網は広大で目が粗いようだが、悪人は漏らさずこれを捕らえる。悪いことをすれば必ず天罰が下る＝『老子』第七十三章）さながら、「関ヶ原の合戦」で徳川方の大勝利に貢献し、いよいよ豊臣家への雪冤を果たすべく、これまた王手を掛けた段階である。家康とさらに相協力していくべきときであり、手を休めるわけにはいかない。

かくして、名参謀・天海が主導して様々な仕掛けを設《しつら》え、「豊臣家滅亡」への快刀乱麻の大鉈《おおなた》を振るった。いかに権謀術策に長《た》けた徳川家康とはいえ、彼ひとりではこうまくはいくまいという、「豊臣家滅亡」のシナリオを書き上げていったのである。

●家康を「征夷大将軍」にするための天海の暗躍

慶長五年（一六〇〇）。関ヶ原合戦は無事東軍方の大勝利に終わったわけだが、直後に控えていたのは西軍方大名の改易（領地没収）または減封、および東軍方大名の論功行賞の加増である。

もちろん石田三成、小西行長、安国寺恵瓊などは刑死。宇喜多秀家は流罪で、生き残った武将たちも大半が改易の憂き目にあい、また改易を免れた一部の大名も厳しい減封と転封の処分を受けており、改易・減封された大名たちの所領は約六百四十万余石。これは全国総石高の約三分の一にあたる。

これを東軍方の大名たちへの論功行賞にあてたが、小早川秀秋を筆頭に大幅に加増した外様大名、すなわち福島正則、加藤清正、黒田長政たちは政治の中心から遠ざけ、中国・四国・九州などの遠隔地に転封した。つまり豊臣領国体制を解体し、徳川家康領国体制への組替えを行ったのである。

また、毛利輝元は百二十万石の太守から周防・長門三十五万石の領主に、同じく上杉景勝も会津百二十万石から自領米沢三十五万石に、それぞれ減封された。

そして、豊臣秀頼は二百二十万石の天下人から、摂津・河内・和泉六十五万石の一大名に減封された。

慶長六年（一六〇一）。豊臣家の権勢はいまだ衰えず、秀頼も十歳にしてすでに権大納言に昇進しており、将来は関白（天下取り）が約束されている身でもあった。

つまり関ヶ原の合戦はあくまでも豊臣家の家臣だった徳川家康と石田三成の家臣間の争いに過ぎず、いくら合戦に勝利したとはいえ、徳川家康はまだ形式的には豊臣秀頼の一家臣に過ぎなかったのである。名実ともに武家社会の頂点に昇り詰めるためには、武家の棟梁《とうりよう》たる「征夷大将軍」の地位を得る必要があったのだ。

そこで家康は、征夷大将軍を朝廷から任命されるために、かつて秀吉が造営した旧・聚楽第に倣《なら》って、京都御所をやや下ったところに、高貴な人々を迎える格式高い唐門造り（唐破風《からはふ》造）の二条城を起工し、征夷大将軍就任の重要な拠点とした。

いくら天下をほぼ掌中にしたといっても、家康にとって、征夷大将軍位を得ることは容易《たやす》いことではない。畏《かしこ》くも朝廷に勅許奏請を致さねばならない。ところが、何かと秀吉贔屓《びいき》だった後陽成天皇と家康は、すこぶる相性が悪い。

秀吉が没し、関ケ原の合戦が終わった頃合いを見てか、後陽成天皇は弟君の智《とし》仁《ひと》親王に譲位されようとしたが家康が猛反対をする。徳川家にはメリットがない御方だったからである。

家康はすでに、後陽成帝の第三皇子・政仁《ことひと》親王（後の後水尾天皇）に密かに目をつけて、徳川方女子の入内《じゅだい》を画策するなどしていたから、政仁親王への譲位でないと意味がないのである。さながら、かつて平清盛の息女（徳子）入内のスタイルを模していたかのようだ（実際、後に秀忠の第七子・和子《まさこ》の入内が奏功する）。

そこで、後陽成帝に覚えのめでたい天海僧正の登場と相成るのである。

天海僧正はすでに王城鎮護の霊山である比叡山延暦寺から移した天台宗関東総本山のトップであり、後陽成天皇の御信頼も厚く、帝から「大僧正」の号も賜っており（上皇になられてからも「毘沙門堂門室」の号を賜る）、家康の征夷大将軍勅許奏請には最適であった。

後陽成帝は頗《すこぶ》る精力家であられ、九名の妃嬪《ひひん》から十一皇子、九皇女をもうけられた。二千石ほどの御内所では不如意であられたが、家康の内意を得た天海僧正は何と一万石の「御薬料」の献上を申し出て、帝《みかど》の御意を懐柔しているのである。

かくして、慶長八年（一六〇三）、後年の日光東照宮の雛型とも思《おぼ》しき豪壮華麗な二条城が完成し、宿願の「征夷大将軍」宣下もあり、江戸幕府を開設。家康は将軍就任の祝宴を三日間にわたって盛大に挙行した。

●二条城「3度のズレ」が意味するもの

ところで、平安京は第五章で後述する「四神相応《しじんそうおう》」に基づき最も貴い地相である。すなわち、左方である東に流水のあるのを青龍《せいりゅう》（鴨川）。右方である西に大道のあるのを白虎《びゃっこ》（山陰・山陽の両道）。正面である汙地《くぼち》のあるのを朱雀《すざく》（巨椋《おぐら》池《いけ》）。後方である北方に丘陵のあるのを玄武《げんぶ》（船岡山《ふなおかやま》）とする。

天海僧正は、二条城の地形を京都御所の地形よりも、碁盤の目から右に3度傾けて造営した。この3度のズレは、何を意味するのであろうか。

第二章でも触れたが、天台教学のうちから特に天台密教、陰陽《いんよう》五行説から陰《おん》陽道《みょうどう》、四神相応から風水学、天文学から北極星を中心とした占星術や測量術。これら全てに精通していた天海僧正だからこそ仕掛けられた、愕くべき絡繰《からく》りだったのである。

BS―TBS「高島礼子・日本の古都」における「家康と京都、謎の15年」（平成二十九年三月三十一日放映）の件《くだり》で、元離宮二条城学芸員、中谷至宏氏がこ

天海だから可能だった、「二条城」の絶妙な位置

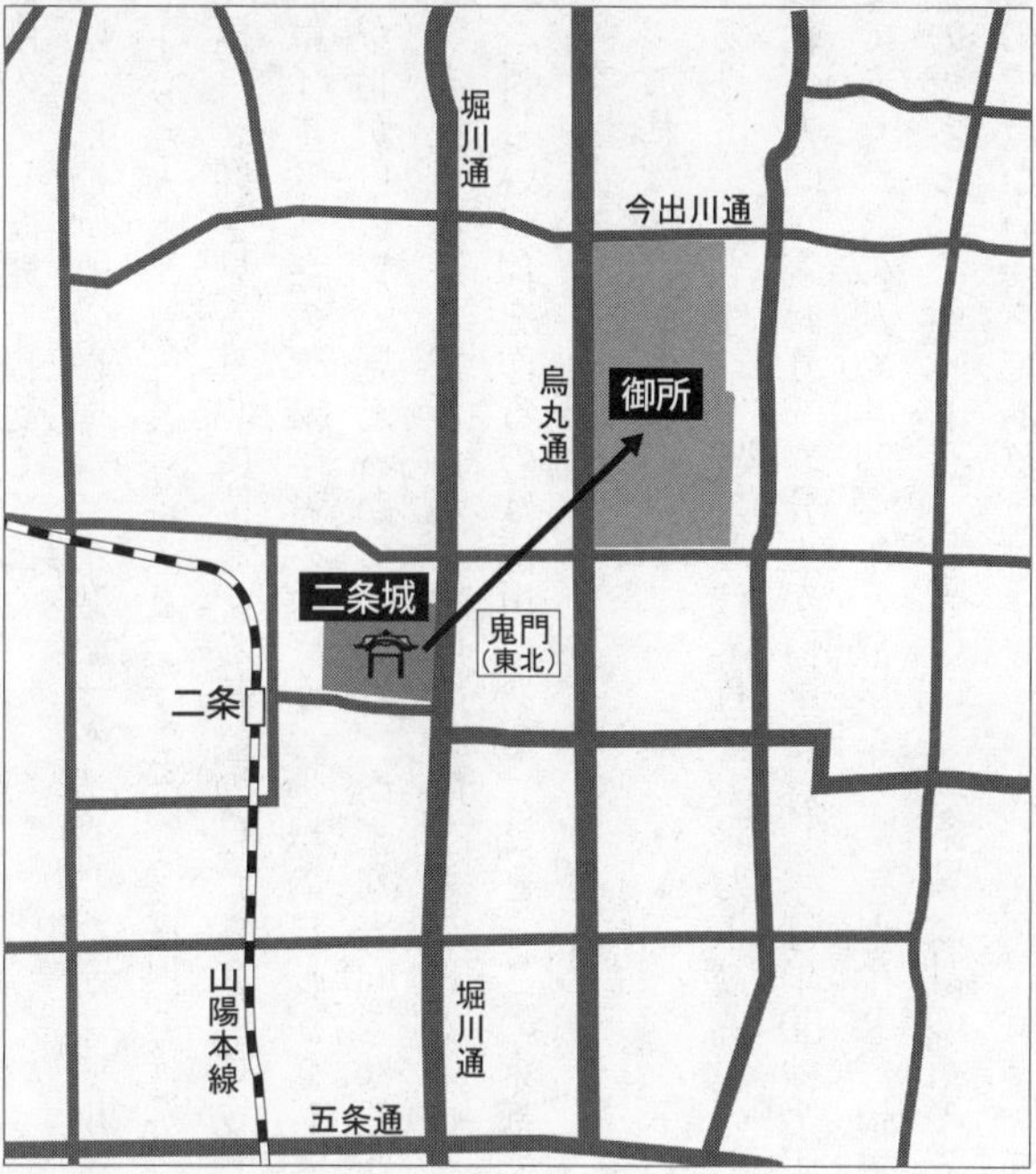

京都御所に比べて東に３度ずれている。
同時に、京都御所が鬼門の位置になっている。
そこには深い意味が込められている。

の二条城3度のズレ問題を提起して曰く、

《豊臣秀吉は、京都御所の真横に「聚楽第《じゅらくだい》」を造営したが、徳川家康は御所の位置より少し下りながら、見守らせていただくという位置関係に二条城を造営した。然も北極星を仰ぎ見る真北に位置する碁盤の目から3度ズラして二条城を築いた。これはイエズス会の天文学者の教えか、地球の自転がズレる歳差《さいさ》により北極星の位置が北からズレて見えるからである。つまり表向きは朝廷に従っていますという姿勢を見せながら、わざわざ3度の角度をズラして見せるのは、将軍の布石として「新しい時代を作るのは徳川である」ことをこの京都で主張したのである》

と宣《のたま》うが、これは甚だおかしい。

『広辞苑』で見るまでもなく、歳差とは「月・太陽および惑星の引力の影響で、地球の自転軸の方向が変わり、春分点が恒星に対し、毎年50秒余ずつ西方へ移動する現象」であり、このため「回帰年と恒星年との差が生じ、恒星の赤経・赤緯は変わる」のであって、慶長七年（一六〇二）二条城設計の折のこの3度のズレが不動のものではないからである。

「3度のズレ問題」に関しては、そのズレは認めながらも正鵠《せいこく》を射た回答が今までないというのが現状である。そこで私も、当初は先述の中谷至宏氏のように測量の誤差を考えたのである。なにせ地球そのものが球面であり測量を少しでも過《あやま》つと角度がずれてしまうからである。

ところが平安京完成後千二百年余、東西南北の位相は正確を究め真北を指しているので、測量の誤差が入り込むような余地がまったくないのである。

そこで考え抜いた結果の天海僧正の意図とは――

二条城の基線を東より3度ズラして正確に伸ばすと、徳川家康のもっとも所縁《ゆかり》の深い岡崎城の大手門に至るのである。

逆に天海僧正が二条城造営に際して、数多《あまた》の事象から岡崎城を選び、その岡崎城が京都御所を見守る（監視下に置く）構図を企画したのであろう。つまり岡崎城をそのまま正確に京都の指定の位置に置き換えると岡崎城、すなわち二条城が平行軸から3度ズレることになるのだ（その3度のズレを地形に合わせて矯正してしまったら、御所を見守る岡崎城を（二条城として）置き換えた意味がなくなる）。

さらに愕くべきことは、同時に京都御所を二条城の鬼門に設えたことである。

表向きは、御所造営の際の比叡山を鬼門にする主旨に倣ってはいるが、卑近な京都御所も二条城にとっては紛れもなく鬼門なのである。

かつて豊臣秀吉が「聚楽第」をこれ見よがしに京都御所と対等に比肩して設えたのに反して、家康は御所の位置よりへりくだって現在地に設えた。そういうわけでは決してない。むしろ堂々と、御所を「二条城の鬼門」として扱っていることは愕きの極みである。

この直線上の置き換えは呪詛《じゅそ》にも近い思考で、極めて精度の高い測量術を持つ天海僧正の「ある方向と基準の方向との関係を、直線で解き明かして見せる天海マジック」である。第六章で改めて解明していきたい。

●北政所から淀君への横槍「新将軍に祝賀を」

さらに同年七月二十八日、大坂城にて豊臣秀頼と家康の孫・千姫の婚儀が盛大に挙行され、家康も参列（千姫の母・お江の方も身重の体で婚儀に参列し、八月二十六日、伏見で初姫出産）。かくして豊臣家と徳川家が固く結ばれたのであろうか。

慶長十年（一六〇五）四月、家康は折角掌中にした征夷大将軍を、わずか二年余にして二代将軍・家忠に譲った。征夷大将軍を徳川家世襲制度の礎《いしずえ》として世に知らしめたのであり、もちろん予定の行動であったことは論を俟《ま》たない。同時に豊臣秀頼の右大臣も奏請し、共に勅許を得ているのであるが、秀頼が十三歳の若さで右大臣の要職に昇ったことは異例のことである。秀忠の征夷大将軍継承に臍《ほぞ》を噬《か》んだ淀殿であったが、このまま順調にいけば秀頼も「関白」に昇り詰め、天下人として仰がれる日も遠からずと一縷《いちる》の安堵感を覚えたことであろう。

ところが、高台院（北政所）からとんだ横槍が入ったのである。

高台院の使者の口上曰く、

《秀頼さまには、伏見城に伺候されて新将軍（秀忠）に祝賀を述べられてはいかがでしょう。新将軍は秀頼さまのお舅《しゅうと》御《ご》であられる故、それが礼ではありますまいか》

この口上を聞くや、淀殿は逆上してしまい、
《このようなことは、高台院さまから言われる筋合いではない。筋目を通すとなれば、それは新将軍の方であろう。お舅御であろうと徳川は臣であり、あくまでも豊臣は主《あるじ》ではないか》
と一蹴してしまった。
その後何とか家康が折れて、「ここは一歩譲って、淀君のご要望に応えるとするか」と、家康の六男である忠輝（当時十四歳）を大坂に送って秀頼に拝謁させて祝賀を述べさせたという。
これとて、高台院をも巻き込んだ天海僧正演出の茶番劇であったのだ。すなわち高台院もすでに家康の傘下に懐柔されていたことになるからだ。

●天海のライバル、以心崇伝《いしんすうでん》の登場

慶長十三年（一六〇八）、将軍職を秀忠に譲った家康は、駿府城で大御所として収まり二元政治を始める。以心《いしん》（金地院《こんちいん》）崇伝《すうでん》（プラス神龍院梵舜《しんりゅういんぼんしゅん》）の登場である。崇伝の略歴を『戦国人名事典』（阿部猛 西村圭子編・新人物往来社）から垣間見ると、

以心崇伝＝臨済宗大覚寺派の僧。将軍足利義輝の家臣であった一色式部少輔秀勝の第二子として誕生。父の没後、南禅寺に入り、玄圃霊三《げんぽれいさん》に師事する。一時、醍醐三宝院で学んだり、相国寺西笑承兌《さいしようじようたい》にも指導されたが、最終的に南禅寺金地院の靖叔徳林《せいしゆくとくりん》に嗣法《しほう》した。

文禄三年（一五九四）、二十六歳で住職資格、つまり出世の公帖を得、福厳寺《ふくごんじ》に住し、さらに十刹《じつさつ》寺院である禅興寺に転任した。慶長十年（一六〇五）二月に建長寺に住し、同年三月には南禅寺二百七十世の住持に就任した。

慶長十三年、以心崇伝は徳川家康の命により駿府に赴き、外交往復文書の書記になった。これは西笑承兌の後任である。当初は単なる書記役として外交文書を手がけていたが、しだいに頭角を現し幕府の宗教行政にまで携わるようになり、やがて国政にも重きをなすに至った。キリスト教禁制をはじめ、寺院法度・武家諸法度など多くの法令設定に関与する一方、方広寺の鐘銘事件では、豊臣氏に難題を吹っかけ大坂の陣のきっかけをつくったことはよく知られている。

元和二年（一六一六）、家康の死歿に際し、権現として山王一実神道で祀るか、明神として吉田神道で祀るかで天海と争い敗北を喫したが、同五年に僧録司となり、五山十刹以下の寺院の出世に関する権を握り、ここに名実ともに禅宗五山の派の実権を掌握したのである。黒衣の宰相といわれるくらい政治に辣腕を振るっただけに、庶民には人気がなく「大欲山気根院僭上寺悪国師」とあだ名され、紫衣《しえ》事件で崇伝に厳罰を主張された沢庵《たくあん》は崇伝のことを「天魔外道」と評している。著書に『異国日記』『本光国師日記』『本光国師法語』などがある（私としては、「方広寺の鐘銘事件」に関しては異議を唱えたい。詳細は後述）。

BS—TBSで平成二十五年五月十四日に歴史番組「ライバルたちの光芒」で「南光坊天海VS金地院崇伝」が放映された。南光坊天海派として作家の海道龍一朗氏、金地院崇伝派は同じく作家の童門冬二氏が登場し、論戦が交わされた。

その中で海道龍一朗氏が両者を評して曰く、

・金地院崇伝＝法制局長官。法の審査や立案などを行う国家機関の長。

・南光坊天海＝官房長官。内閣官房の事務を統括し、総理大臣の補佐をする。

は当を得ていて興味深かった。

だが「川中島合戦」で勇名を馳せた武田信玄と上杉謙信ならいざ知らず、以心崇伝と天海僧正はライバル関係とはいいながら、自ずとその役割が異なっていたのだと私は思う。

野球にたとえれば、あの日本シリーズ九連覇を達成した川上哲治監督の下、読売巨人軍には投打で大活躍した金田正一投手と、長嶋茂雄打者を擁していた（もちろん王貞治もいた）が、それぞれ機能（役割分担）が異なっていたのである。

つまり両者の投打が嚙み合ってこその常勝巨人軍だったのである。打者がいくら打ちまくっても、投手の失点が上回っては勝てない。またいくら投手がパーフエクトに抑えても、打者が得点しなければ勝てない。

崇伝を投手に、天海を打者に見立ててみたわけだが、そんな常勝チームの監督が、徳川家康だったのである。天海にしても崇伝にしてもお互いの腹の裡《うち》を探り合いながら、丁々発止のせめぎ合いもあったことであろうが、とにかく家康が両者を活かして纏《まと》め上げてきたのである。

新徳川幕府の権威付けには威光が必要である。王城鎮護の霊山である比叡山延暦寺、すなわち天台宗の総本山を関東（星野山無量寿寺・川越喜多院）に据え、その天台宗のトップである天海と、禅宗五山トップの崇伝を併せ持つ、貪欲なまでの徳川幕府の布陣には目を見張るものがある。

やがて家康は駿府城に籠り、息子秀忠とともに二元政治を始める。まず崇伝を重用し、「伴天連追放令之文」「寺院諸法度」「武家諸法度」「禁中並公家諸法度」などを崇伝に立て続けに起草させる。

一方天海は江戸の未来像に目を向け、また二代将軍・秀忠にも徐々に軸足を移しつつ、江戸城を主軸とした広大な江戸地域構築に心血を注いでいくのである。

すなわちこの天海・崇伝は「両雄並び難し」ではなく、家康の下、それぞれの領域で徳川幕府を不動のものへと切磋琢磨《せっさたくま》していったのである。

かくして元和二年の家康入寂の折の、いかなる「神号」で家康を祀るかの大論争になるわけだが、その経緯は次章で詳述したい。

ちなみにこの時期の天海の地位を記すと、天正十六年（一五八八）頃南光坊は、家康の招きで星野山無量寿寺（後の川越喜多院）の第二十六世・豪海《ごうかい》僧正に師事することとなり、彼本来の「天台教学」をさらに確かなものへと精進する。ちなみに、「天海」という名はこの時、豪海僧正から賜ったものである。

慶長四年十二月、豪海僧正が入寂すると、天海は推《お》されて第二十七世の法統を継いだのである。

（蛇足になるが、BS－TBSのこの番組「ライバルたちの光芒」の最終回「豊臣秀吉VS明智光秀」（平成二十五年九月二十五日放映）では、光秀側の弁護人として私も出演して（秀吉側は作家の加来耕三氏）、「秀吉の陰謀」を獅子吼《ししく》した次第である）

●豊臣秀頼と対面した家康の不安と焦り

慶長十六年（一六一一）、二条城にて徳川家康は、豊臣秀頼と対面した。しかし家康は、豊臣秀吉の忘れ形見として秀頼の、あまりにも貴公子然たる成長振りにただただ愕くのみであった。

それもそうであろう、秀吉は藤吉郎時代の「針売り」も事実だったらしく、皮付きの栗を取り出して、口にて皮を剝《も》ぎ喰べる猿芸を得意として、しかも生来藤吉郎の右手は六本指で、その異形の六本指での大道芸は大いに受けて、多量の針を売り捌《さば》く生活が可能だったという。

この六本指に関しては、宣教師フロイスも『日本史』第十六章に、

《彼は身長が低く、また醜悪な容貌の持ち主で、片手には六本の指があった。眼が飛び出しており、シナ人のように鬚が少なかった》

と記述している。

藤吉郎が路上で最初に仕官する松下加兵衛に拾われる件《くだり》を『太閤素性記』で

は、

《加兵衛が久能から浜松に行く途上、猿を見つけたという。異形の者で、猿かと思えば人に見えるし、人かと思えば猿に見える》

と記している。（拙著『本能寺の変　88の謎』参照）

ところが、家康の面前に現れた秀頼は、亡き太閤殿下の風貌に似ているどころか、貴公子然として輝くばかりの偉丈夫さであった。前述の「子授け祈禱事件」では、定めし選りすぐりの屈強の青年を淀殿に当てたことであろう。

これでは秀忠でも竹千代（後の家光）でも敵《かな》わない！――思わず背筋に冷たい戦慄を感じた家康は、急遽、一刻も早い豊臣家滅亡への意志を固めた。

いよいよ、「家康・政治機関《コネクション》」の暗躍である。

●豊臣家の息の根を止めた「鐘銘事件」での天海の役割

豊臣家滅亡の好餌《こうじ》は、京都東山の「方広寺鐘の大仏開眼と堂供養」であった。

方広寺は慶長元年の大地震で仏像が破壊され、堂宇も火災で炎上したが、豊臣家復興の祈願を籠めて淀殿・秀頼がその再建に乗り出したのだ。

慶長十五（一六一〇）年六月に起工し、十七年の春に落成を見て最後に巨鐘を鋳るだけとなり、慶長十九年四月、いよいよ巨鐘が鋳上がると、秀頼は片桐且元《かたぎりかつもと》を駿府に遣わし、同年八月三日に方広寺の大仏開眼と堂供養を自ら主宰して行いたい旨を申し入れ、家康から一応の承認を得た。

しかし、この鐘銘を好餌とばかりに、天海僧正が飛びついたのである。

臨済宗高僧・清韓文英《せいかんぶんえい》の［鐘銘文］を一読すると、

銘曰

洛陽東麓　舎那道場　聳空瓊殿　横紅画梁

参差万瓦　崔嵬長廊　玲瓏八面　焜輝十方

境象兜夜　刹甲支桑　新鐘高掛　爾音于鍠

響應遠近　律中宮商　十八聲縵　百八聲忙

夜禅晝誦　夕燈晨香　上界聞竺　遠寺知湘

東迎素月　西送斜陽　玉筍掘地　豊山降霜

告怪於漢　救苦於唐　霊界推移　功用重量
所庶幾者　国家安康　四海施化　万歳伝芳
君臣豊楽　子孫殷昌　仏門柱礎　法社全湯
英壇之徳　山高水長
慶長十九甲寅歳

問題の個所、すなわち国家安康＝ここには家康の文字が隠し文字として入れられており、しかも家と康を分離して不吉な上に、衆人にこの鐘を毎回撞《つ》かせることとは、家康を呪咀せんとするものである。また君臣豊楽＝国家安康で徳川家を呪咀し、かつ君臣豊楽および子孫殷昌で豊臣家の弥栄《いやさか》えと子孫繁栄のみを祈願することは尋常ならざることで、とうてい赦し難いことである。

狙いはここぞとばかり、天海僧正は京都五山の僧侶たちにも所見を聞いてみた。彼らも家康側の無体な言いがかりと知っているから、異も唱えられず自ずと悪しざまの批判が募る。慌てふためいた秀頼は、起草者の清韓と片桐且元を駿府に出向かせて釈明に努めたが、結局はこの「鐘銘文」が、皮肉にも豊臣家滅亡の引き金となってしまったのである。

さながらライオンを扱う熟練の猛獣使いが、朝の髭剃りの際に残した僅かな傷跡から血の匂いを嗅いだライオンが狂いだして、突如襲われるかのように、折角の高僧・清韓の名詩も些《ささ》いな疵跡から、とんだ墓穴を掘ってしまったのである。

ところで、この「方広寺鐘銘」事件の立案者は以心崇伝と伝えられているが、私はそうは思わない。徳川家正史である『台徳院殿御実記』（巻第廿七・慶長十九年七月二十一日）に、天海僧正が関与したことが記されているからである。

その記述によれば、

《世に傳ふる処は、此鐘銘は僧清韓がつくる所にして、其文に国家安康。萬歳傳芳。君臣豐楽。又、東迎素月。西送斜陽などいへる句あり。御諱《いみな》を犯すのみならず。豊臣家の為に。當家を咒咀するに似たりといふ事を。天海一人御閑室に召されたりし時。密々告奉りていふ。此事いぶかしけれども。またなし共定めがたし。いま後者《のち》の為にしるす……》

とある。

またこの件《くだり》を崇伝は、『本光国師日記』における片桐且元に宛てた書状で、且元の釈明に関しても「この鐘銘事件を知ったのは、家康公から諮問《しもん》があったから」と書き記《しる》しており、むしろ且元には、大坂城への大量の牢人召喚について詰問している。

何かにつけて因縁を吹っかけては巨利を貪《むさぼ》るヤクザの総元締、まさに日本一の因縁をこの鐘銘事件に集約させ、見事に豊臣家の息の根に止めを刺した天海僧正の執念たるや、実《まこと》にもって凄《すさ》まじいものである。

これも「本能寺の変」で、冤罪《えんざい》に貶《おとし》められた「秀吉の陰謀」に対する激しい報復の一端であったと、私には強く映るのである。

かくしてここに大坂の陣が始まり、豊臣家は完全に滅亡した（秀頼の死の四日後、潜伏中に捕らえられた忘れ形見の国松も僅か八歳で六条河原で処刑された）。関ヶ原の合戦後、十五年の歳月をかけて文字通り晴れて天下を掌中にした徳川家康ではあったが、もうその余命は幾許《いくばく》も残っていなかった。

第五章

家康の死を乗り越えて

●以心崇伝という高僧の役割

家康は慶長十三年（一六〇八）に将軍職を秀忠に譲り、駿府城で大御所に納まり二元政治を始める。

この年、以心（金地院）崇伝と神龍院梵舜を駿府城に招く。

神龍院梵舜は吉田神社の神主・吉田兼見の実弟である。

以心崇伝も、前述したとおり、傑出した高僧であることは論を俟《ま》たない。

慶長十年、崇伝は三十七歳で禅宗五山派とその別格である南禅寺・第二百七十世の住職となり、皮肉にも後陽成天皇から「紫衣《しえ》」を賜うほどの高僧であった（紫衣とは、天皇が高僧に下賜する紫袈裟。崇伝が起草した「禁中並公家諸法度」で紫衣制度が徳川幕府によって大きく規制されて、大事件に発展することになる。後述）。

かくして崇伝は、「伴天連追放令之文」「寺院諸法度」「武家諸法度」「禁中並公家諸法度」などを起草して、主に徳川幕府の法制面で優れた業績を残すことになる。

そもそもこの時代の高僧たちは、崇伝をはじめ誰もが仏法を基礎とした万巻の書を読破し、かつ中国の兵法の古典である「六韜《りくとう》」「三略《さんりゃく》」などにも通暁していた。当時としては一級の知識層であり、有力な大名たちを強力にサポートしていたのである。

たとえば、織田信長にも沢彦宗恩《たくげんそうおん》という学問の師がいた。永禄十年（一五六八）、信長は積年の宿願であった美濃を平定し、居城を尾張の小牧山から美濃の稲葉山に移した。さらに城下を「岐阜」と改称した。これらはすべて、沢彦宗恩の献策である。すなわち、

「古代中国の周王朝の祖・古公亶父《ここうたんぽ》が、今の陝西省の岐山と曲阜に依って国を興し、天下を平定した伝説に基づいている。つまり天下平定の基地という意味である」

と説得している。また、有名な「天下布武」（武力による天下統一）の印の使用を勧めたのも、沢彦の献策によるものだといわれている。

今川義元の師も太原雪斎《たいげんせっさい》（崇孚《すうふ》）という臨済宗の高僧であり、軍師も兼ねていたことは周知の通りである。だが今川義元にとって不運なことに、この名伯楽・

太原雪斎の死があまりにも早過ぎた。

かくして徳川家康も、天海僧正と以心崇伝という二大高僧を、「家康・政治機関《コネクション》」の最前線で十二分に機能させていたのである。

●死期を悟った家康の遺言「自分の遺体は久能山に葬れ」

元和二年（一六一六）、駿府で越年した家康は、一月二十一日田中に鷹狩りに行くが（一説には鯛の天婦羅《てんぷら》を食し）その夜半に体調を崩した。

「二十五日に駿府に戻った。以後病状は回復と悪化を繰り返していたようで、三月には山科言緒ら昵近《じっこん》の公家衆も見舞いのため駿府へと下向している。十七日には見舞いの勅使と対面し、太政大臣任官の意志を伝え、使者往復の後二十七日に太政大臣の宣旨が家康に披露され、二十九日には祝儀の振舞いを行った。この振舞いの後気力を失ったのか、以後急速に衰弱し、四月十七日他界した。遺体は翌日久能山に移され、十九日に埋葬された」

（『織豊期主要人物居所集成』藤井讓治編・思文閣出版より）

かくして自分の死期を悟った家康は、天海僧正、以心崇伝、神龍院梵舜および本多正純を枕元に呼び出して、以下の遺言をしたのである。

「自分の遺体は駿河国久能山に葬り、葬儀は（芝）増上寺で執り行え。また位牌は徳川家菩提寺・大樹寺《だいじゆじ》（家康の誕生寺）に建て、一周忌が過ぎた頃、日光に小さな堂を建立し自分を祀《まつ》れ。自分は其処で関東八州の鎮守となろう」

家康が意図したことは、久能山を霊廟として遺体を埋葬することである。大樹寺をはじめ芝・増上寺や日光の堂は、あくまでも家康の「御霊《みたま》」を勧請して祀る御社《みやしろ》に過ぎない。

同年二年四月十七日、徳川家康は波瀾万丈の起伏に富んだ生涯を終え、七十五歳で大往生を遂げた（病名は胃癌といわれている）。

その夜は雨降りであったが、遺命により遺体は久能山の御廟に移された。

十九日の葬儀に参与したのが天海僧正と、以心崇伝、本多正純等々で、その儀式は吉田唯一神道の神式により、神宮遷座の式法に従って営まれた。祭司は神龍院梵舜が務めた。

本来、天皇を「生きた神」と見なして祀る以外、人を神として祀る習慣はなかった。清浄を重視する神道は死穢《しえ》を忌《い》む宗教であり、遺骸を遠ざけ、死者を神として祀ることを忌避してきたからである。

吉田唯一神道は、室町末期に京都の吉田神社の祠官・吉田兼倶《かねとも》によって提唱された。それは中世以降の神仏習合による「本地垂迹説《ほんじすいじやくせつ》」（日本の神は本地である仏・菩薩が衆生救済のために姿を変えて迹を垂れたものだとする神仏同体説。平安時代に始まり、明治初期の神仏分離により衰えた）に対抗するもので、神道と仏教、つまり神と仏との相違を示しその分離を説くものであった。いわゆる反神仏習合であり、その主眼とするところは、日本古来の「随神《かんながら》の道」（神の御心のまま。人為を加えないさま。神慮のまま）を正しく理解することであった。

そこで死者の遺骸の上に「霊社《れいしや》」と称する社壇を設け、僧侶たちを排した神道式の葬儀を行って、死者を「神」として祀ることを始めたのである。

また、吉田神道は死者の霊に「大明神」の神号を授与するようになる。

●秀吉はいかにして神になったのか

ここで、豊臣秀吉が「大明神」になった経緯を詳しく見てみよう。

「本能寺の変」での織田信長の死後、豊臣秀吉が戦国時代に終止符を打ち、ほぼ日本を統一して天下人になった。自分の死後「神」になることを希求した秀吉は、吉田神社の神主・吉田兼見に差配し、兼見の実弟である新龍院住職・梵舜がその任にあたった。

秀吉は慶長三年（一五九八）八月十八日に伏見で亡くなったが、その死は当面伏せられ、密かに京都東山の阿弥陀ヶ峰《あみだみね》に運ばれた。二十二日には「大仏供養」と称して阿弥陀ヶ峰の真西にある方広寺で、供養が行われた。

その後秀吉の霊は吉田唯一神道で神格化され、阿弥陀ヶ峰山頂において現・豊《とよ》国廟《くにびょう》へ正遷宮されることになるのだが、その一切の祭祀を取りしきったのが神龍院梵舜であり、正遷宮後の秀吉の神霊は、「豊国大明神」と呼称されることになった。

家康も、この方式を踏襲して「神」、すなわち「大明神」になりたかったのであろう。

●「神」になりたかった家康が梵舜《ぼんしゅん》を呼んだ

前述の通り、慶長十三年、以心崇伝と神龍院梵舜が家康の膝下に参じることとなった。そこで梵舜は、死者を「大明神」に列する吉田唯一神道の正道を家康に説得し、入滅後は久能山に埋葬する許可を得たのであろう。

その廟は真西を向いている。家康を祀る久能山の廟から、家康の母が祈願して家康を授かったという鳳来寺《ほうらいじ》、家康が誕生した大樹寺を通って京都に至る、

久能山―鳳来山東照寺―大樹寺―京都

この東西の線は「太陽の道」で、春分・秋分には太陽がこの東西の線上を移動

する。すなわち、日が沈んでもまた東から現れる太陽のように、この線上に家康を埋葬することによって、家康が「神」として再生することを説得したのである。

これは、吉田神道で秀吉を大明神に祀り上げた時と同じ手法である。

秀吉廟—豊国神社（阿弥陀ヶ峰）—西本願寺（この向きも真西である）

かくして吉田唯一神道により、秀吉同様、家康を大明神として祀ることによって、太陽の来光のように再生する来世への願いも叶いつつあった。

もっとも、家康は大坂夏の陣が終わるや否や豊国廟一帯の破壊を命じ、秀吉の柩《ひつぎ》も掘り起こし、神の座から引きずり下ろす所作がなされた。

さらに「豊国大明神」のライン上に

秀吉廟—豊国神社—智積院—東本願寺—西本願寺

と、家康所縁の智積院《ちしやくいん》と東本願寺をわざわざ置いて、ラインの分断を謀《はか》っている。

家康と秀吉、大明神が二者並び立つわけにはいかない。

しかも「本能寺の変」の真相を熟知していた家康としては、陰湿な陰謀で信長暗殺を実行して天下を掠め取った秀吉は到底許せない。

だから家康は、秀吉を大明神の座から引き摺り下ろしたのだ。つまり自分だけが近い将来、大明神として崇められる座を独占したかったのである。

●家康の神号「大明神」と「大権現」を巡る論戦

家康の埋葬も無事に終わった四月二十二日、将軍秀忠が参拝を済ませて江戸に帰る途上、駿府城に立ち寄った。

家康の病中、さらに没後も仕え、かつ神送りをした重臣・僧侶・神官を集め、親しくその労をねぎらう席上で、家康の御霊《みたま》を日光東照宮に祀る際の神号について、「明神」か「権現」かに分かれての、あの有名な宗教大論争に及ぶ次第となった。

ただし最初にお断りさせていただくが、臨済宗の以心崇伝が強く支持する「明神」と、天台宗の天海僧正が強く支持する「権現」との激しい宗教論争といわれているが、これは甚だおかしいことである。臨済宗の崇伝が「明神」と騒ぎ立てる根拠が一切ないからである。私も茶道を通して大徳寺系の臨済禅を深く学んできた一人だが、臨済宗と「明神」とには、一切関わりがない。

つまり、これはすでに述べてきた通り、神龍院梵舜の「明神」対天海僧正の「権現」の闘いである。崇伝にとっては天海との体面上、心ならずも梵舜に賛同の意を示しただけだと私は確信する次第である。

一方、梵舜は必死である。自分が別当までしていた豊国神社は壊され、豊国廟から秀吉の柩まで掘り起こされ「大明神」が失墜されている有り様である。吉田唯一神道の沽券《こけん》にも関わる大問題である。

ところが大論争の最中《さなか》、天海は、「大御所様が私を枕元に呼ばれ、「大権現」と密かに御遺言を遊ばされた」とぬけぬけと言い出す。この有り様に、さしもの将軍秀忠も呆れたが、その直後天海僧正曰く、

「明神では秀吉の神号、すなわち豊国大明神と同じものになりますぞ！　何故、

徳川家自らが滅ぼした神号を付けるのですか？　これでは徳川家は、豊臣家と同じ末路を辿《たど》りますぞ！」

の一言で、座が一瞬シーンとする。

かくして神龍院梵舜は大論争の敗北を認め、以心崇伝も首肯して引き下がり、無事、天海僧正の意が通った。これを以て山王一実神道に基づいて主唱した「大権現」が、晴れて実現した。

天海僧正は、上洛して朝廷に経緯等を説明した後、無事「権現号」が勅許された（朝廷も天海僧正を嘉《よみ》せられ、正式に「大僧正」に任じられた）。

さらに、朝廷から示された四案、「東照・日本・威霊・東光」から将軍秀忠が決断した神号は「東照大権現」となった。

●家康の遺骸は、梵舜の呪術の及ばない日光へ

「家康公を吉田神道に基づいて明神として祀るのは間違いで、山王一実神道によって権現として祀るべきだ」

天海僧正のこの突然ともいえる強硬な主張は、実力者としての権威を誇示するためというよりも、むしろ梵舜を疎《うと》ましく思ったからではないだろうか。

確証はないが、梵舜が、家康を神として昇華するという名目の陰で、家康への呪詛《じゅそ》を行っていたのでは、と思えてしかたないのである。

かくして一周忌にあたる元和三年（一六一七）四月四日、新造営された日光の「東照社」へ正遷宮が華やかに行われることとなる。つまり家康の遺言とは異なり、家康は遺骸ごと日光に移されるのだが、これにより完全に家康は、梵舜の呪術の及ばない聖域へと隔絶されたのである。

「日光山・座禅院に到着した家康の神柩は、八日奥の院の石窟内に埋葬され、十四日にはその神霊を仮殿に移し、十六日夜、神位を仮殿から本社の正殿に遷座せしめた」

と日光山では記録されているが、その密法を修するのは、もはや神龍院梵舜ではなく、天海大僧正その人であった。

当の徳川家康の真意は、奈辺にあったのであろうか。

家康は前述の通り、豊臣秀吉が吉田唯一神道の修法で大明神の座に祀られたことに憧憬して自分も強くそれを希求した。前述のように秀吉を大明神の座から引き摺り下ろし、自分だけが大明神として崇められる座を独占したかったのだ。それなのに、天海は家康を大権現にしてしまった。

久能山御廟における埋葬を司祭した梵舜の祝詞は、

「家康公の御形儀を久能の高嶺に奉り、御神供・御菜を供え、此状を安けく鎮座して、天下静謐《せいひつ》、弥《いやさか》繁盛《はんじょう》、長久の基を守り座すと恐《かしこ》み申し奉る……」

というものであった。

つまり、家康公は死んだのではなく「神」になられたのだから、祝うべきとされたのだ。また葬儀が行われるはずだった増上寺では、「御中陰の法事」のみが営まれた。しかも上方からの僧侶下向は無用とされ、諸大名の香典も一切受領されなかったという。つまりここまでの事の成り行きは、神龍院梵舜の意のままであった。

そこで天海僧正は盟友・家康の意に反して、強引な行動に打って出る。盟友とは「光秀天海」として家康とともに「豊臣家滅亡」のために艱難辛苦の道を邁進してきたことを指す。

何としてでも、梵舜が修法する「吉田唯一神道」を徳川家から外す。久能山に「徳川大明神」（仮称）なる本廟を置かれてはたまらない。この久能山も、「久能山東照宮」と「東照宮」を冠して、一連の東照宮政策で包摂していけばよい。

そこで、「明神」と「権現」の神号を巡っての大宗教論争の末に勝利を勝ち取り、また二代将軍秀忠の信頼も得て、勇躍、天海僧正の独擅場となるのである。

●以心崇伝が感じとった「天海時代」

一方、以心崇伝は決して一敗地に塗《まみ》れたわけではない。明神を巡る論争も、本来は崇伝の本意ではない。

一時は「黒衣の宰相」として天海僧正と並び称されたほどの俊英であれば、自ずと自身の出処進退の理も弁《わきま》えており、来るべき「天海時代」の風を大きく感じ取っていたであろう。さらに「東叡山寛永寺」の建立、「日光東照社」の第一次造営（元和の造営）等と、秀忠をはじめ家光までもが、天海僧正に絶大な信頼を寄せつつあった。

崇伝はこの現実を目の当たりにして一歩退いたが、家康の恩顧に応えるべくただひたすらに、自分が起草した徳川家制定の「諸法度」を厳守すべく、幕府治世の法制局長官としてその信義を貫き通したのであろう。

けだし崇伝も、一世の傑僧であったのだ。

また、これはあくまでも私の仮説であるが、崇伝ほどの英傑ともなれば「天海僧正」なる者の素性は、当然喝破していたことであろう。

一方、天海僧正は二代将軍・秀忠の信頼も勝ち取り、かつ天海僧正を祖父のごとく慕う三代将軍・家光の時代も間近である。しかも明智家の血を引く於福（春日局）との黄金トリオを組まれては、崇伝としては潔く分を守るしかなかった。

残余はつつましやかに、かつ徳川幕府のために尽くしきった功績は立派であった。

なお、私の手元に、「家康の亡骸・日光への道程」というタイトルの「読売新聞」の記事がある。日付が不詳で申し訳ないが、この記事の中で、「東照宮御鎮座之記」（烏丸光宏・筆）という史料について言及している。

「一六一六年（元和二年）四月十七日、徳川家康は七十五年の生涯を閉じた。二代将軍秀忠は、家康の遺言に従い亡骸《なきがら》を久能山（静岡市）に葬り、翌年には久能山から日光へとその亡骸を遷座した。この時の記録はいくつか残されているが、そのうちの一つが、同行した公家の烏丸光広が著した本状である。

光広は寛永の三筆に並ぶ書の名人として知られている。また、朝廷と幕府との連絡調整役として京と江戸とを度々往復するなど、公卿の中でも特に幕府との関係が深かった人物であった。

本状から遷座の行程を見てみると、三月十五日に久能山を発した一行は、その日のうちに吉原（静岡県富士市）に着き、以後三島、小田原、中原（神奈川県平塚市）、府中、仙波（埼玉県川越市）、忍《おし》（同県行田市）、佐野、鹿沼の各所に泊まり、四月四日に日光に着座している。都合十八泊十九日。家康の側近だった天海が住持を務める仙波の喜多院と、日光手前の鹿沼でそれぞれ四泊した以外は、実に淡々とした旅程であった。

また本状では、和歌を織り込みつつ道のりや宿所の風景にも触れるなど、光広の公家らしい姿がみてとれる。そして本状は、後に幕府の正史である『東照宮御実紀』の底本となるなど、幕府にとっても貴重な資料となった」

●最晩年の徳川家康と、天海僧正との静謐《せいひつ》な時

家康の下には、謀臣として本多正信《まさのぶ》がおり、本能寺の変以降、片時も家康の膝下を離れず忠勤に励んだ。この正信は家康の心中をよく読み取ることができ、かつ、いささかも家康に疑惑を抱かせなかった忠臣である。何よりも、望んで微禄《びろく》(二万石)に甘んじたのである。嫡子の正純《まさずみ》も、正信に劣らぬ才気煥発な逸材であった。

かくして、家康が秀忠に「征夷大将軍」を譲位する折、家康は経験豊富な正信を二代将軍・秀忠の膝下に据え、自身は正純を駿府に置き、二元政治を始めたの

である。

本多正純の辣腕《らつわん》振りは著名で、大坂冬の陣における大坂城外堀事件をはじめ、紫衣《しえ》事件などで以心崇伝をよく援け、法制面でも徳川家への任務を立派に遂行しているが、どうやら崇伝派の正純は、天海僧正とは反りが合わなかったようだ。

一方、豊臣家も滅亡して二代将軍・秀忠の組閣も順調に滑り出してきた折節《おりふし》、天海僧正の思惑はさらなる徳川家繁栄の礎《いしずえ》を固めるべき全体像を描いていた。

その頃、家康は駿府から関東一円の鷹狩りをしばしば行い、その折には必ず天海僧正も同行させた。もっとも、鷹狩りと言いながら老将家康と高齢老僧の道行であるからさほど厳しいものではなく、陣点《じんだ》て（陣内で茶を点てる）や物見遊山そこそこの遊戯三昧《ゆうぎざんまい》であったのかもしれない。「一将功なりて万骨枯る」の譬《たと》えではないが、すでに共通の敵《かたき》は亡く、様々な出来事が走馬灯の如く巡り廻っていたことであろう。両者の間には、ただただ静謐な時が流れていたのである。

私には、旧《いにしえ》の徳川家康と明智光秀に立ち帰った二人が、懐かしそうに佇《たたず》んでいるとしか想えないのである。

●「東叡山寛永寺《とうえいざんかんえいじ》」の成り立ち

徳川家康が秀吉によって江戸に移封され、第一歩をしるした天正十八年（一五九〇）、徳川家の祈禱を受け持つ寺として、浅草寺《せんそうじ》（天台宗）と、回向《えこう》を受け持つ寺・増上寺《ぞうじょうじ》（浄土宗）の二ヶ寺がすでに決まっていた。

ところが天海僧正による「天台宗関東総本山」構想には、江戸城を中心とした都市シフトが必要であった。

琵琶湖方坂本で出生した最澄《さいちょう》（伝教大師）は、受戒後の延暦四年（七八五）に比叡山に入って修行し、「法華一乗思想」の中心として一乗止観院を建立し、後に日本天台宗開祖として京都の鬼門を封じる王城鎮護の霊山・比叡山延暦寺を開創した。

天海僧正は、この「比叡山延暦寺」に相当するものを江戸に置き換えるという一大プロジェクトをもくろんでいたのだ。

幸いにも江戸城の鬼門に当たる「艮《うしとら》」（丑寅・東北）の方角には、上野の山（高台）がある。江戸にも延暦寺的なものを、という天海僧正の意向を嘉《よし》とする二代将軍・秀忠が元和八年（一六二二）、この上野の高台を新寺建立のための寺地として寄進した。光秀天海とは昵近《じっきん》であった藤堂高虎も、天海僧正と相謀って自らの下屋敷の上野忍ヶ岡の地を呈し、縄張りも、差配する協力も得る次第であった（藤堂高虎は名うての築城の名手であった）。

秀忠は翌九年、五万両の資金を添えて、品川御殿山の別殿を天海僧正に贈っている。この御殿は高輪御殿と呼称し、家康が駿府と江戸を往復する際に中継所として使っていた。

同年七月に三代将軍に座った家光も、秀忠の意志を継いでさらなる寛永寺造営に当たり、寛永二年（一六二五）十一月には、現在の東京国立博物館辺りに高輪御殿を移築して寛永寺の本坊とした。ここに、「東叡山寛永寺」は正式に発足したのである。

山号の東叡山は文字通り「東の比叡山」であり、寺号の寛永寺は、延暦寺が時の年号をとって寺号とした例に倣《なら》い、寛永の年号を勅許を以て用いたものである。

この寛永寺は寛永二年に発足した寺ではあるが、その完成は、天海僧正の開創から実に七十余年を経た元禄十一年(一六九八)頃といわれている。しかし、創生期にすでに概略は定まっていたようだ。

比叡山延暦寺をそっくり関東に移しての、天台宗の総本山・東叡山寛永寺の開創ではあるが、そこには愕くほど多くの天海僧正の私的な作為が含まれているようだ。

寛永寺境内に佇むと、明智光秀を育んできた坂本城周辺の点景がやたらと散在するのである。

たとえば、琵琶湖に見立てたといわれる「不忍池」。そこに「弁天堂」を置けばミニチュア化された竹生島《ちくぶしま》弁天堂を髣髴《ほうふつ》させる。

周知のごとく、琵琶湖に接した光秀の居城・坂本城は水城で城内に船着き場があり、いつでも琵琶湖に船を出せた。

たとえば茶人・津田宗及《つだそうぎゅう》の『天王寺屋他會記《てんのうじやたかいき》』を見ると、天正六年正月十一日、坂本城内で光秀の茶会があり、「會過テ、御座船ヲ城ノ内ヨリ乗候て、安土へ参申候」(茶会が終わってから一同着装を改めて、城内から乗船して安土城へ御年賀に伺った）とある。やや遠いが、竹生島にもよく船を出したことであろう。

さらに不忍池から上野の山（寛永寺）を仰ぎ見れば、ミニチュア化された比叡山山麓から延暦寺に想いを馳せるかのようであり、そこには紛れもなく光秀天海その人の佇まいがふつふつと感じられる。

これは、比叡山延暦寺を江戸に移して天台宗関東総本山を東叡山寛永寺に集約したというだけではない。天海僧正の胸中には、一種のパロディ化した懐かしさと包摂した思い入れが十二分にあったことだろう。

一方、大津市坂本にある盛安寺《せいあんじ》を訪れて愕いたことがある。ここには明智光秀を祀る立派な五輪塔に並立して、天海僧正が建立した大五輪塔がある。

その正面には「交月安意」と慰霊の文言が刻まれており、ここから眼下には坂本城址や坂本の町並み、またその先の琵琶湖のさざ波、近江富士、さらにその麓には安土城址が一望の下に見える。

大五輪塔の「交月安意」（月を眺め風景を愛《め》でて、栄枯盛衰を諦観して風月を愉しむ）という慰霊の偈《げ》を顧《かえり》みるにつけ、坂本城落城で散華《さんげ》した一族郎党や兵士たちへの鎮魂はもとより、光秀天海の来し方やその諦観、そして一切を止揚した平穏な安らぎの交錯を感じるのである。

●火事がきっかけでできた絢爛豪華な「上野東照宮」

さて、東叡山寛永寺の開創二年後、天海僧正は前述の藤堂高虎と再度謀って、上野東照宮の前身たる「東照社」を寛永寺内に造営している。これは江戸の庶民が、家康の遺徳を偲ぶため手軽に参詣できるように、という配慮であった。

家康の本廟である「日光東照宮」の繁栄ぶりは賑々《にぎにぎ》しく、日光東照宮詣でが庶民の夢であった。しかし、さすがに日光は遠い。そこで、元和四年（一六一八）には浅草寺境内にも東照社が造られ、一般町民のみならず、御三家をはじめ諸大名、旗本も毎月の十七日の家康命日にはこの浅草東照社への参拝が恒例となっていた。

しかし、浅草東照社は寛永十九年（一六四二）の火災で焼失してしまった。そのため、家光がこれまでの上野東照社を造りかえて慶安四年（一六五一）に新たに再建したのが、今の上野東照宮である。この時、天海僧正はすでに遷化している。

上野東照宮には家康のほか、後の明和四年（一七六七）、幕府中興の祖である八代将軍吉宗が合祀されている。

以下、上野東照宮の社記に曰く、

「社殿の様式は、桃山時代に見られる権現造りで、当時の最高の建築を目指したものと言われる。社殿の柱や扉までことごとく金箔が置かれ、唐門や透塀の彫刻もすべて金箔仕上げで、日光東照宮と比べても遜色がない。

本殿、幣殿、拝殿、唐門、透塀などは国の重要文化財に指定されており、本殿と拝殿をつなぐ石の間（幣殿）は一段低い造りで、東照宮の特色となっている。

天井はいわゆる折上天井で、長押しの上に松に鷹、鳳凰、牡丹が彫り込まれ、その下には極彩色で松に桜、岩石に竹が描かれている。

唐門は日光陽明門と同じ唐破風《からはふ》造り四脚門の形式で、正門の両柱に昇り龍が高彫されて飾られている。扉の上には梅に亀甲の透彫りがほどこされ、門の両側上部には松竹梅の錦鶏鳥の透彫りがあり、いずれも箔置きである。

拝殿内の天井絵の彩色画唐獅子は名匠狩野探幽の作と伝えられ、正面には後水尾天皇の勅題「東照宮」がかかげられている。また長押の上辺左右に三十六歌仙の額があり、和歌は八親王、六大僧正の筆になり、絵はすべて御用絵師狩野派画師たちの作である」

という豪華さである。

●江戸は「四神相応《しじんそうおう》」の風水都市か？

「四神」とは東西南北を守護する神々で、中国の「陰陽五行説」「風水思想」に基づく。「四神相応」の最も貴い地、気が溢れる地に都《みやこ》が造営される。

具体的には「北に高い山のある玄武」「東に清流の流れる青龍」「南に海や湖沼のある朱雀」「西に大道が走る地形を白虎」とされ、古都千年の平安京は、それを具現した理想都市といわれている。

下段は、平安京における相応地である。

・東方には青龍《せいりゅう》（青・春・木）＝東に流水のある鴨川

・西方には白虎《びやっこ》（白・秋・金）＝西に大道のある山陰・山陽の両道
・南方には朱雀《すざく》（赤・夏・火）＝正面で汙地《くぼち》のある巨椋池《おぐらいけ》
・北方には玄武《げんぶ》（黒・冬・水）＝北方に丘陵のある船岡山

この「四神相応」の思想は「大相撲」にも相応されていて、誠に興味深い。

まず基本概念として、「陰陽五行説」＝「木《もく》・火《か》・土《ど》・金《こん》・水《すい》」の一年を各々「七十二日」に分割し、さらに「木＝春・東。火＝夏・南。金＝秋・西。水＝冬・北」に配当される。残った「土」は、その七十二日がさらに四分割（十八日）され、「木・春（春の土用）」「火・夏（夏の土用）」「金・秋（秋の土用）」「水・冬（冬の土用）」に各々配当される。

かくして「大相撲」の土俵を取り囲む四方が「木＝東。火＝南。金＝西。水＝北」に配当され、土俵四隅の柱が「土」に配当されたのだが、四本柱が廃止されると、「土《ど》の柱」に代わって方角を示す「青房《あおふさ》・東・青龍」「赤房《あかふさ》・南・朱雀」「白房《しろふさ》・西・白虎」「黒房《くろふさ》・北・玄武」になったのである。

ところで、現在の地図は、ほとんどが北を上にして描かれている。地図を描く際、北半球では北極星もしくは磁北を利用するのが便利なためで、近代印刷技術が進んでからは汎《はん》世界的な基準となった。

ところが江戸時代の江戸の全体図は、ごくわずかな例外を残して江戸城を上部に、日本橋や銀座あたりを下部にしている。つまり西を上に、東を下に描かれているのだ。

その理由の一つに、身分の上下関係と一致しているという説がある。当時天皇は、江戸から見て西方の京都におられた。また明暦の大火（一六五七）以前には、江戸城の背後（西）にあたる麴町《こうじまち》には将軍御三家が配置され、江戸城内部は諸大名（徳川家家臣）で、南北の外部は諸大名の屋敷で占められていた。その反対に、東の外部には江戸湾を埋め立てた町人街が配され、賑わいを見せていた。

つまり、西を上に、東を下にすれば、身分の上下関係と見事に一致する。

ところが江戸城を中心に「四神相応」を考えた場合、北には広大な関東平野があって玄武を欠くし、江戸時代初期の江戸湾は江戸城の真東から南南東方面にあるため、南の朱雀も条件を満たしていない。

それなのに、江戸幕府の年中行事を纏めた『柳営秘鑑《りゅうえいひかん》』には、「江戸は四神相応の土地」と説かれている。すなわち、

「江戸城は天下の支配者に相応《ふさわ》しい城であり、江戸は四神相応に適《かな》っている。広々とした下町の賑わいは朱雀であり、龍の口の先には青龍にあたる川の清い流れが、虎ノ門の先には白虎にたとえるべき街道が伸び、城の裏手の台地には玄武の勢いがある」

となっている。これは、東（青龍＝清流）西（白虎＝大道）南（朱雀＝海や湖沼）北（玄武＝高い山）を北南東西に変更している。

すなわち北の神田川が青龍（本来は東）、江戸時代初期の東海道（現・桜田通り）は虎ノ門（白虎に由来する地名。本来は西）、東の町人街が朱雀（本来は南）、玄武（本来は北）は西の麴町台地を指しているのだ。

これではさしもの天海僧正も手の打ちようがない。

すっかり困り果てた私は、同じ読売文化センターの講師にして僚友の多田克己

江戸の「玄武・朱雀ライン」は112度、西にずれている

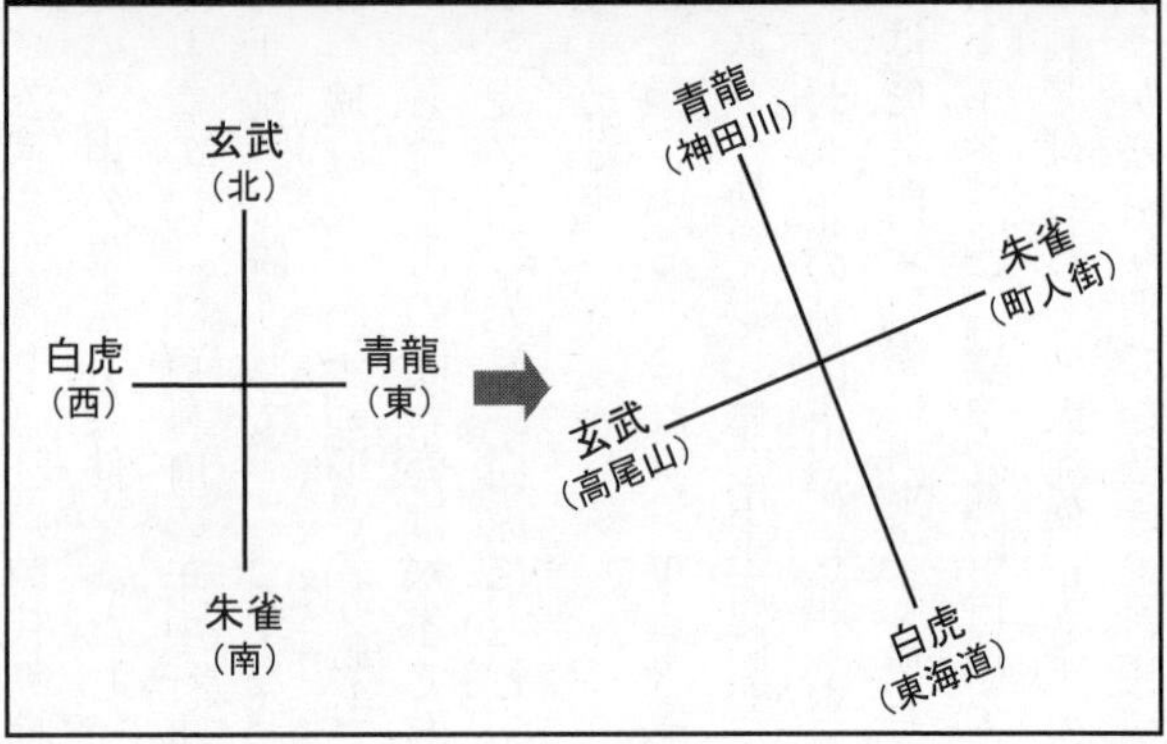

氏に助け船を請うた（同氏は、日本全国の神社・寺廓の配置研究家としても知られる）。

そこで多田氏曰く、

「建築史家の内藤昌氏によると、玄武・朱雀の南北軸に対しては、112度ほど西に振れているという。すなわちこれが事実としたら、玄武は500メートル級超の山のうち、江戸城からもっとも近い山・高尾山となる。そしてその背後には関東山地や丹《たん》沢《ざわ》山地が見え、さらに霊峰・富士山が望める。実にこの富士山こそが、江戸城を守護する玄武の太祖山（四神相応を形作る龍脈の基点）と考えられる」

と宣《のたま》うのである。

しかしなぜ、江戸では陰陽五行説のルー

ルを破り、無理やりに南北軸を入れ替えることができるのだろうか、という私の疑問に多田氏は、

「それは基本を中国の陰陽五行説にしながらも、日本で成立した「陰陽道」は、神道や仏教の考えも取り入れた独自の思想へと変化したものだからだ」

と言う。

●「日光東照宮」が「北辰」であり「太陽神」である謎

そこで気になるのが、北方を東方に置き換えた場合の、江戸城から見て仮想の朝日が昇る方角に鎮座する「日光東照宮」の存在である。日光東照宮に関しては次章で詳述するので、ここでは簡単に触れておくが多田氏曰く、

「その社名は「東から照らす太陽の宮」を意味する。東照宮の祭神・神君家康公の神名である「東照大権現」は「東から照らす大いなる権現」と意訳できる。ちなみに権現とは、仏や菩薩が衆生を救済するため、仮（権）に神の姿をとって現れるという本地垂迹説《ほんじすいじゃくせつ》による信仰で、「東照宮大権現」の本地仏は薬師如来《やくしにょらい》だと

される。

この薬師如来とは東方瑠璃光浄土《るりこうじようど》の救主で、薬師瑠璃光如来ともいう。瑠璃は宝石の一種のラピスラズリのことで、その濃くて深い紫青色から、曙がはじまる闇夜からほのぼのと明けかけた東方の空の色が連想され、薬師如来の瑠璃光浄土は、十恒河沙《ごうがしや》(恒河沙は数の単位。10の52乗とも)の東の彼方にあると考えられた。つまり日光東照宮は、仮想の瑠璃光浄土が存在する聖地とされたのだ。

一方、現実の日光東照宮の鎮座地は、江戸城から見て北極星のある北方になる。北極星は天球にあって唯一不動の星であり、すべての星々が回り従うので、中国では最高神として神格化され、日本でも「北辰《ほくしん》信仰」として崇拝された。

また日光東照宮の陽明門から唐門を通る直線は、はるか南にある江戸城から家康公を祀る北の本殿にいたる聖線を描き、そして星夜に家康公を祀る本殿にぬかずくと、その社殿の上方に北極星が輝いて見えることとなる。

つまり日光東照宮とは、仮想の信仰上の東方と、現実の北極を重ね合わせた聖地といえるのだ」

と、多田氏は結論するのである。

●霊峰・富士山と密接に繋がる日光東照宮

さらに多田氏は続ける。

「富士山の遠景は江戸の町の象徴で、富士見坂と呼ばれる坂が江戸の山手に多く存在している。この「富士が見える土地」は江戸っ子の自慢でもあり、江戸中期には「富士講」という信仰も盛んになった。

西方を北方に置き換えた江戸の「四神相応」の見立てでは、富士山は玄武の太祖山に相応しているのだ。そこで試みに江戸城（松の廊下跡）から富士山頂（剣ヶ峰）へ向けて直線を引いてみると、その延長線が「鳳来山東照宮」（鳳来寺は家康の母が祈願して家康が授かった寺）に辿り着く。鳳来寺の「鳳」とは、君主の政治に徳がある時に現れるという霊鳥で、中国では天子を象徴するものとして用いられる。天子とは我が国では天皇を指すが、天皇の語源は古代中国の最高神・天帝であり、天帝はまた北極星をも意味する。さすればこのラインは、仮想の玄武・北極線と呼ぶべきではないだろうか。

また富士が見えることとは、「富士見＝不死身」に通じ、一度死んでも神に生まれ変わった徳川家康の生涯をどこか連想させる。

すなわち家康の霊柩は久能山に埋葬され神格化されたが、その一周忌には天海僧正によって遺骸は神柩として日光に運ばれて、日光東照宮の前身・東照社が建てられた。この久能山（東照宮）と日光の両東照宮を結んだ直線は、富士山頂をかすめるようにして走っている」

かくしてあの有名な、

久能山東照宮―富士山頂―秩父・明智寺―世良田東照宮―日光東照宮

いわゆる「黄金ライン」の基線が重要視されるとともに、次章で私の唱える「第二黄金ライン」と相まって「六角星形」が類推されていく。かくして、天海僧正の大きな絡繰りも解明できるのである。

●家康・秀忠、二代に仕えた忠臣・本多正純に対する天海の評価

ここで本多正純と天海の関係について触れておきたい。

本多正信・正純親子は、二代にわたって家康・秀忠の忠実な謀臣として仕え、それぞれ出色の活躍をしてきた。

とくに父親の正信は終生微禄《びろく》を希《のぞ》み、元和二年（一六一六）、その死に臨んでは将軍秀忠に「倅《せがれ》正純にも今のままの所領で、これ以上のご加増なきよう」と懇願しつつ、主君家康と前後して世を去る。

嫡子の正純は、父にもましてよく家康・秀忠に仕え、かつその辣腕振りをいかんなく発揮して徳川幕府の一時期を画し、元和五年（一六一九）には宇都宮城主十五万五千石になった。

ところが秀忠をもって常々、「正純は、切れすぎる」と言わしめたその才気煥発な辣腕振りにやがて歪《ひず》みが生じ、元和八年、突如、改易（流罪）の破目に至った。

その原因はいわゆる、「宇都宮城・吊り天井」と呼ばれている。

本多正純改易の四ヶ月前、徳川秀忠は家康の七周忌法会《ほうえ》のため日光東照宮を参詣した。無事に法会を終えたその帰路、秀忠は宇都宮城に宿泊する予定が組まれていたのだが、家康の長女で秀忠とは異腹《いふく》の姉・加納殿（亀姫）から、「正純に、謀叛の疑いあり！」との急報を受けて、その宿泊を回避した。

実は、加納殿は常々、正純を憎んでいたという。彼女の娘が大久保忠隣《ただちか》の子の忠常《ただつね》に嫁ぎ喜んでいた矢先に、大久保家が突如改易の憂き目にあってしまう。加納殿は悲嘆に暮れるのであるが、大久保改易は正純の指図だったといわれている。

さらに加納殿をして再度、悲嘆の底に沈める事態が発生する。加納殿の孫にあたる宇都宮城主・奥平忠昌の、下総国（茨城県）古河《こが》への移封である。理由は忠昌がまだ弱年であることで、これもすべて正純の作為とされた。

さらに我慢ならざることに、こともあろうに当の正純が、この羽州街道・日光街道の要衝である宇都宮城主として移封されてきたのである。度重なる怨念の末に、加納殿は「正純に謀反の疑いあり」という情報を秀忠に流すことにしたのであろう。

一方秀忠も、加納殿の情報を鵜呑みにしたわけではない。念のための内偵を進めた。そこに、土井利勝という次世代を担う俊英の謀臣（後の大老）が台頭していた。

この土井利勝が、天海僧正に以下を糾《ただ》すのである。すなわち、

「本多正純の今まで徳川幕府に尽くしてきた功績はともかく、今回の宇都宮城では、宇都宮城二の丸・三の丸の修築を申し立てておきながら、本丸の石垣を改築したこと。また城中改築についても、構造上不審の箇所が多々あること。また鉄砲を密かに製造して、軍備を強化していること、等々。正純に対して、どのような対応をすべきと考えるか」

そこで天海僧正はしばし黙念し、次のように答えた。

「もちろん秀忠様をはじめ、私も土井様も、本多正純の謀叛心を疑うわけではないが、土井様が糾した条々は、かつて本多正純が福島正則を改易へと追った条々とまったく同じである。『武家諸法度』には、譜代大名と外様大名の違いはないはずである。

また切れ者であればあるほど、知らず知らずのうちに敵も増えてこよう。もっとも、それを恐れていては天下のお仕置きもできますまい」

まさに二律背反、諸刃《もろは》の剣《つるぎ》である。すなわち切れすぎることとは家康の時代には通じても、秀忠様の時代には難しい。第一、正純は秀忠の側近であって家康の

側近ではないのだから、そこには自ずと言い訳のしようがあるだろうに、正純はいまだに神君家康公のお側同様の物言いをする。

時代の推移を、正純ほどの切れ者がなぜ気づかないのか。まして家光様の時代も直ぐそこに迫っているのだし、初期徳川家の変革の時、すなわち側近の交代も必要な時期に面しているのだろう。

以上を勘案した天海僧正は、土井利勝に向かって一言、

「時代は変わりつつあるもの。同僚の故を以て手心を加えれば御政道が成り立たぬが道理。其処《そこもと》許の意に任せ申す」

これによって正純の改易は決まったのであるが、先の徳川家の根本を糾す「大権現」の問題等は別として、天海が行政面での断罪に参画した例は極めて少ない。むしろ、事によっては一端断罪が確定した後に赦免を願い出ていたのである。

後に朝廷を巻き込んで後水尾天皇御譲位問題にまで発展した「紫衣事件」の折の断罪も同様であった。

●宮中に激震が走った「紫衣事件《しえ》」に天海はどのように関わったのか

紫衣事件を簡単に振り返ってみたい。

秀忠が家光に将軍職を譲ったのが元和九年（一六二三）七月であった。同年六月、秀忠はその旨を禁裏に願い出るべく上洛した。もちろん当の秀忠は、かつての家康に倣《なら》い隠棲後も西の丸に留まり、大御所として二元政治を行う心積もりであった。

すでに元和六年、後水尾天皇の下《もと》に秀忠の娘・和子《まさこ》が入内《じゅだい》しており、その女御和子にお目出度の兆候が見られるという、この上もない慶事であった（その年の十二月無事に皇女が降誕、後《のち》の明正《めいしょう》女帝である）。

秀忠・家光父子は帝に拝謁し、かつ二条城にも行幸あられるよう上奏して実現した。さらに、秀忠は左大臣に、家光は右大臣にそれぞれ昇進。秀忠にとっては人生に二度とない絶頂期であったことであろう。

だがそのわずか三年後に、朝廷と徳川幕府の間に予想だにもしなかった激震が走るのである。

すなわち、「紫衣事件」の始まりである。

その主因は、以心崇伝が起草した「禁中並公家諸法度」「寺院諸法度」にある。寛永四年（一六二七）七月、京都所司代・板倉重宗からの上申により、「諸宗の僧侶達が諸宗法度に違反して朝廷から、紫衣出世から上人号を受けている」という事実が指摘され、秀忠から崇伝や重宗にこれを厳しく取り締まるよう命じた。

「紫衣」とは紫色の僧衣で、建長元年（一二四九）以降、天皇が高僧に下賜された紫色の袈裟や僧衣であることは前述したが、慶長十八年（一六一三）、朝廷の許可以前に幕府の事前認可を必要とする規定をした。これは幕府の、朝廷や寺院勢力への統制強化の一環であり、これでは朝廷の権威が丸潰れである。

そこで、今回の寛永四年、紫衣着用の朝廷許可を無効にしたところ、主に大徳寺派の沢庵宗彭《たくあんそうほう》、玉室宗伯《ぎょくしつそうはく》、江月宗玩《こうげつそうがん》等が強硬に抗議、以心崇伝はこれを厳罰に処した。

かくして、

沢庵宗彭　　出羽国（山形県）上田城主・土岐頼行預り
玉室宗伯　　陸奥国（福島県）棚倉城主・内藤信照預り
江月宗玩　　その罪軽しとして帰洛を許される

となったのだ。

この一連の強硬な審議で以心崇伝は一手に不評を買い、「大欲山気根院僭上寺悪国師」との悪名を奉られるのであるが、崇伝は頑《かたく》なにその意思を貫き、一切弁明をしなかったという。

一方、天海僧正も幕閣としてその席に同席していたが、崇伝の主張する断罪を黙って聞いていたのであろう。天海僧正としては彼らを極刑に処する気は毛頭なかったが、何らかのけじめは必要と思った。だから断罪の議決には加わらず、陰に廻って柳生宗矩《やぎゅうむねのり》らと罪状軽減に動いていた。

かくして寛永九年（一六三二）の大御所秀忠の逝去に事寄せて、沢庵は赦され江戸に戻ることとなるのであるが、これはすべて天海僧正の配慮である。天海は沢庵の英知を必要としていたのである。

この沢庵の高弟に、徳川家兵法指南の柳生宗矩がいる。沢庵は宗矩に『不動智神妙録』を書き与えた。それは宗矩の徳川家兵法指南に大きな影響力を与えたばかりではなく、この書を読んだ家光も感化され、やがて家光の信頼と深い帰依を受けることとなり、品川に「東海寺」を開くこととなるのだ。

一方朝廷では、後水尾帝の御怒りが収まりそうにもない。畏《おそ》れ多くも皇権が徳川幕府の圧力の下《もと》、無残にも踏みにじられてしまったのである。だが後水尾帝は側近たちに慰められつつ憤懣《ふんまん》やるかたない日々を送られ、ついには「譲位」を決意されるのだが、幕府側は一向に慌てない。寛永三年、中宮和子が親王（高仁《すけひと》親王）のご誕生を得ていたからであり、むしろそのことを望んでいたかの感さえあった。

だが、突如、両陣営に不幸が訪れた。せっかくの親王が早世されてしまったのである。双方、悲嘆の裡《うち》にこの御譲位はいつしか沙汰止みになってしまったのだ。

ところが寛永六年（一六二九）に後水尾帝は腫物《はれもの》の病に罹られ、御投薬だけの治療では捗々《はかばか》しくなく、御灸《おきゅう》による治療が必要の事態に立ちいたった（あるいは軽い切開手術も伴ったか）。しかし朝廷のしきたりとして、畏《かしこ》くも皇尊《すめらみこと》の御玉体を傷つけることは到底赦されないことである。

かつて評判を呼んだ韓国王朝ドラマ『馬医』でも、危篤状態に陥った王に手術が必要であったが、主治医のその決断に対して、皇后、大臣ともども国中を挙げて猛反対の嵐が吹き起こっていたのを想い出す次第である。

後水尾帝は治療に専念したいと思《おぼ》しめされて、中宮和子の内親王「女一宮《いちのみや》」に譲位されたい旨、五摂家および公卿衆に御下問された。一同も、女帝の先例も多々ある故、御譲位もやむなしとの意を幕府側に伝えた。

●於福が「春日局」となり、朝廷も認める存在に

されど幕府にも思惑がある。すなわち、できうることなら女帝ではなく、男帝を主上に仰ぎたかったのである。しかも後水尾帝は、まだ御老齢期に入られてもおられず、親王御誕生の可能性もないわけではない。今しばし帝に御在位なされていて欲しかったのである。

かようなわけで、大御所・秀忠は三代将軍・家光の乳母である於福を上洛させ

て、帝の御病気お見舞いを言上させる旁々、今しばし御在位あらせますよう上奏させることと相成った。

だが徳川幕府内において於福は、かつての竹千代の乳母ならぬ、三代将軍・家光のご生母とまで噂されるような要職にあるが、朝廷にとってはまったく無位無官の女人《にょにん》である。

かかる女人が徳川幕府を代表して烏滸《おこ》がましくも参内《さんだい》に及ぶとは、禁裏軽視も甚だしと侃侃諤諤《かんかんがくがく》となり、朝廷は於福の参内を拒否した。

しからばこの女人に殿上人たる官位をお与えあれ！　と、京都所司代・板倉重宗を通じての幕府側の強硬な申し入れに朝廷は折れ、渋々と「春日局」の官位を下賜されるのである。すなわちこの春日局とは、「征夷大将軍の側室にて、小御所へ伺候しうる者の官名、これを春日局と呼ぶ」と『足利年代礼記』にもある通り、足利将軍には代々の「春日局」がいたわけになる。

於福（春日局）は家光の生母にして征夷大将軍・秀忠の側室、否、家光の生母にして征夷大将軍・家康の側室と、どちらとも取れる表現になり、朝廷側の真意は定かではないが、於福は何とか参内を赦されて帝に拝謁し、諸式に則り将軍家名代の役を堂々と果たし、かつ正式に天盃と「春日局」の官名を賜ったのである。

それもそうであろう。「於福の生い立ち」の項でも詳述したが、天正十年「本能寺の変」の難を避けて四国の雄・長宗我部元親の下で七年間庇護され、その後密かに上洛した於福母子は、母の所縁《ゆかり》の三条西家関連の六角堂付近に隠れ住むようになり、於福が十三歳の時、三条西家に行儀見習い方々奉公に上り、名門公卿の行事作法を厳しく学んでいた。

しかも自分は、三代将軍家光の生母であり、かつ義父のごとく慕う天海僧正ともども、これからの徳川幕府を担っていくという揺るぎない自信があったのだ。だから私が携わっている茶道の大寄せの茶会ではないが、主上はじめ公卿衆が綺羅星のごとく居並ぶ最中《さなか》で濃茶の点前《てまえ》をせよ、というような状態であったことであろう。

いかなる茶人とは言え、衆人環視の中でのお点前は、その修練のなかにこそ発揮できるのだが、於福は、一分の隙もなくサラサラと濃茶を点てるがごとく、将軍家名代としてその責務を堂々と果たしたのだ。

春日局の体の中には、有職故実《ゆうそくこじつ》に長《た》け、稀代の名将と謳《うた》われた明智光秀の血脈《けつみゃく》が滔々と流れていたのである。

だがその後の春日局にしても、事態がさらに悪化することは夢想だにもしなかったことであろう。

幕府側への憤懣《ふんまん》やるかたない後水尾帝の御怒は、この春日局の一件でさらに火に油を注がれたのか、同年十一月八日、公卿衆に束帯を着けて急ぎ参内せよとの命令を発した。

御位を一宮・興子《おきこ》内親王（明正《めいしょう》女帝）に譲位される旨を宣告されたのである。

この後水尾帝の青天の霹靂《へきれき》の宣言に、禁裏及び幕府側も驚天し、結局は幕府もこの政変を甘受するしかなかったのであるが、秀忠にとっても女帝は外孫であり、徳川家にとってはまずは慶事だった。

しかし第四十八代・称徳《しょうとく》天皇（孝謙天皇の重祚《ちょうそ》（再任）。侍僧・弓削道鏡《ゆげのどうきょう》を異常なまでに寵愛したことで有名）以来八百五十九年振りの女帝の即位（僅か七歳）であり、かくして後水尾帝は「上皇《じょうこう》」として仙洞御所《せんとうごしょ》に入られて院政を布くこととなる。

第六章

日光東照宮と天海

●「日光」の「光」は「光秀」から取り入れた?

慶長十七年(一六一二)、徳川家康は仙波(川越市)無量寿寺・喜多院を改めて関東天台宗の総本山と定め、天海僧正をその座主《ざす》に迎えた。これは翌年二月に定められた「関東天台宗法度」からも明らかである。

これによって喜多院は、関東天台宗管轄の全権を幕府によって保証され、その特権は本山の比叡山を凌《しの》ぐものになった。

そればかりでなく同年、天海僧正を下野国《しもつけのくに》(栃木県)日光山の貫主《かんず》(法王)として、光明院の座主にも任じている。もちろん喜多院とは兼務である。

日光山の監主・昌尊と衆徒衆との間に紛争が起きたのだが、彼ら自身でそれを取り締まる力はなく、家康に上訴したのを機にこの任命に及んだ。これによって天海僧正の使命は、「関八州の鎮守」として荒廃した三十六院二十五坊の再興に当たることとなった。これが天海僧正の日光山に関わった最初であった。

この日光山のルーツが二荒山《ふたらさん》神社であり、元国幣社(社格のひとつで、官弊社に次ぐもの。もと国司から幣帛を奉った神社で、明治以後は国庫から奉った）である。祭神は二荒山神の大己貴命《おおなむちのみこと》。天応二年（七八三）勝道《しょうどう》上人の開基と伝えられ、社殿を創建。後に中宮祀・中禅寺も営《いとな》み、信仰を集め下野国の一の宮となった。

この二荒山は男体山《なんたいさん》の別称でもあり、男体山（黒髪山《くろかみやま》）を御神体とした日光山岳信仰の中心的存在である。

また、二荒山の音読みから「二荒山《にっこうさん》」＝「日光山」になったといわれる。それを銘にしたのが天海僧正であり、光秀の「光」を「日光」に取り入れたとの説もあるが、これは穿《うが》ち過ぎであろうか。

●日光東照宮の二度にわたる造営

日光東照宮の「元和の造営」は、元和二年（一六一六）十月に敷地が決まり縄張りが行われた。

十一月には手斧始《ちょうなはじめ》の式があり、その後昼夜を問わず造営が進められ、翌年三月にはあらかたの堂宇《どうう》が完成、四月には久能山から神君家康公の神柩が遷座された。そして、天海僧正の祭司で、家康の御霊はとどこおりなく「東照大権現」として祀られたのである。

この造営を指揮した奉行はかの本多正純であるが、元和創建の日光東照宮は、次なる「寛永の大造営」で大々的な改築を受けたので、その当時の名残りはほとんど残っていないという。

だが当初の社殿も大規模で、本社・本地堂・回廊・御供所《ごくしょ》・御厩《おうまや》・神庫・楼門などがあり、本社には秀吉の豊国廟《とよくにびょう》と同様な権現造りが用いられたという。

元和の造営の遺構は、久能山東照宮で偲ぶことができる、ともいわれている し、また世良田東照宮（長楽寺）には、実際の遺構が垣間見られる。すなわち長楽寺の由緒書に、「台徳院様（秀忠）御建立之白木之御宮澳院御拝殿・御本地堂世良田長楽寺へ御引取」とあり、元和の東照宮の遺構が移築されているからだ。

一方、寛永の造営は寛永十一年十一月に始まり、翌々十三年四月に完成した。この造営は、元和の社殿をまったく一新するほどの大規模なものであり、その後また十数回に及ぶ補修・修理で現在の日光東照宮となった。

寛永の造営は、かつての江戸城・天下普請などとは異なり、造営工事の資金はすべて幕府から支出された。その総額は金五十六万両・銀百貫目・米千石にのぼる巨額（現在ならば約二千億円であろうか）であった。また、工事に従事した人力は延人数四百五十万人を超える莫大なものであり、大工・彫刻士だけでも、多い日には数千人が動員されていたという画期的な工事である。

しかも、工事の期間はたった一年七ヶ月であった。当時の「工事指針」には、「工事費にはお構いなく、工事を慮《おもんぱか》りて意匠を粗略にすべからず……」（ここは神君家康公を祀る聖域なるぞ！　工事費に一切こだわることなく、各自最良の意匠を凝らし、最高の仕事を仕上げよ！）とある。さながら、天海僧正が陣頭指揮を執って獅子吼《ししく》しているようである。

●平和の象徴「獏《ばく》」の像が突出して多いのはなぜか

日光東照宮の各建造物には、彫り物の数々が鏤《ちりば》められている。最も有名な眠り猫を筆頭に、雄大な龍・虎あり、三猿あり、中国の賢人列伝、遊子の群れあり、煌《きら》びやかな草花あり、等々、全彫刻数なんと五千百七十三という。

就中《なかんずく》、「貘《ばく》の像」の彫刻物が突出している。総数七十八頭で、そのうち本殿には五十八頭の「貘の像」が据えられている。

貘は架空の動物だが、もともと中国では、貘は平和の象徴であるとされていた。白居易の『白氏文集』に、

曰貘非銕不食
剣戟省用銅銕羨溢貘當是時飽食終曰
嗚呼匪貘之悲惟時之悲
（貘は鉄だけを喰べる。戦が始まると武器の材料にするために鉄が減り、貘の食べ物が無くなってしまう。貘の悲しみは、まさに時代の悲しみでもあるのだ。つまり貘は、戦争の無い時代にだけ生きられる、平和の象徴である）

とある。たくさんの貘に護られた日光東照宮は、まさに天下泰平の強い願いが籠められていたというわけである。

つまりこの日光東照宮こそが、雌伏二十数年、永い戦国時代を必死の努力で戦い抜いてきた徳川家康の想いに馳せる天海僧正のオマージュ（家康公礼賛）、すなわち神君家康公を讃える記念碑そのものだったのであろう。

「織豊時代」と謳われた織田信長や豊臣秀吉に比べても、徳川家康は平和希求のバランスの一番取れた天下人だったのではないだろうか。

織田信長がイエズス会宣教師・ルイス・フロイスに語って曰く、

「予は毛利を平定し日本六十六カ国の絶対君主になった暁には、一大艦隊を編成してシナを武力で征服し、諸国を自らの子息に分かち与える考えである」

とある。だが実際の信長はまず天下統一の後、天川（マカオ）の要衝を征服して自由貿易都市を建設し、これを足場に唐土《シナ》・シャム・天竺（インド）は言うに及ばず、耶蘇会教士を仲立ちにして遥か欧州にまで商船団を派遣し、異国の文明を充分に吸収するような、壮大な規模の軍事外交を頭に描いていた。

一方秀吉も晩年突如、姑息《こそく》にも信長の大陸侵攻の理念を真似て、無分別な「朝鮮侵攻」を実行して失敗、秀吉歿を以て有耶無耶《うやむや》に終わってしまった。

ところが家康の理念は、いみじくも日光東照宮造営で天海僧正が具現した戦乱のない「徳川千年の平和社会」の構築であったのだ。すなわち徳川軍の旗印、厭離穢土《おんりえど》　欣求浄土《ごんぐじょうど》そのものであったのである。

●東照宮を彩る「黄金比」

本書は決して「日光東照宮・ガイドブック」ではないが、まずは神君家康公を祀る神柩を詣でるべく、国宝「陽明門」の豪奢《ごうしゃ》な正門を潜ろう。何とも煌《きら》びやかな豪華絢爛さにただただ圧倒される。世にいう、一日中眺め明かしても飽きの来ない「日暮《ひぐら》し門」である。

従来の日本文化物の構築の原点としては、中国文化がその基点にあった。それと並行して、この時代の最先端の美意識を開く世界、とくにヨーロッパの美の基準なども積極的に取り入れつつあった。たとえば東照宮の入り口の石段は、上下の石段の差が異なる。下段が七メートル、上段が六・四メートルで、歩み進めていく途上に西洋の遠近法が採り入れられて、自然とその奥行が強調されている。また陽明門自体にも、西洋美学の美意識が巧みに採り入れられている。すなわちそれは、人間が無意識のうちに美しさを感じる「黄金比」（黄金分割一対一・六一八）である。

たとえば、「ミロのヴィーナス」は臍《へそ》までが一で、全長が一・六一八である。またパリの「凱旋門《がいせんもん》」もアーチが一で、全長が一・六一八である。この「陽明門」も廂《ひさし》までが一で、これまた全長が一・六一八であって、ただただ愕きの極みである。

本来の日本の美意識のみならず、広く世界の美意識をも巧みに採り入れてそれを堂々と具現する天海僧正の審美眼。心から畏敬《いけい》する父・家康が命を懸けて築き上げてきた平和の世界を、自分の治世に大成していく三代将軍・家光との二人三脚で、強大な象徴として建てられたのがこの「陽明門」だったのである。

●二人の武将像、その正体は？

この正門の守護神として、左右それぞれに二基の「武将像」が鎮座ましましている。

向かって右側が老雄「明智光秀像」、左側が光秀の娘婿の「明智秀満像」と推測されるのであるが、それを証明する記載などは一切無い。両武将の袴《はかま》（佩楯《はいだて》）に土岐明智家の家紋・裏桔梗紋が付いているところからそういわれているのであって、あくまでも憶測の域を出ないものである。

だが当時、畏《おそ》れ多くも神君家康公の霊廟を祀る正門の武将像に、こともあろうに明智光秀に関わりのある土岐家の裏桔梗紋をこれ見よがしに使うなど、想像もできないことである。これこそまさに、日光東照宮の座主である最高の権力者・天海僧正が自ら発した暗示（暗号）に外ならない。

仏門ではないので「仁王像」でないのは頷けるが、この武将像が揃いも揃って何故、かの「本能寺の変」を起こした張本人たちなのであろうか。

武将像を建てるのであれば、むしろ徳川家恩顧の本多忠勝を筆頭に、徳川四天王の中から選ぶべきではないだろうか。

こんな疑問への対応になると考えられるのが、秩父神社の像である。秩父神社は天正二十年（＝文禄元年）に徳川家康が天海僧正に造営を命じたもので、日光東照宮のルーツともいわれている。その拝殿と本殿との間の幣殿側面の東西に向かい合った二人の「人物彫刻像」を見てみると、東方に、右手に竹笹を持った桔梗紋の男が座し（明智光秀か？）西方に、同じ桔梗紋の僧侶が頭巾《ずきん》を被って座し（南光坊天海か？）ている。

つまり、桔梗紋を持つ人物像が左右対称で座しており、まさに後《のち》の日光東照宮・陽明門の武将像を暗示しているのである。

「我れ魂魄《こんぱく》となりて徳川家を守護せん！」と言う「光秀天海」の内なる声が、聴こえてきそうである。

●「武将像は藤堂高虎」説を検証する

一方、陽明門の武将像の一人は藤堂高虎だ、という説もある。

藤堂高虎は七人の主君に仕えたという経緯を持つ武将で、最後に家康から格別の信任を得て仕え、全うした男である。明智光秀とも知己《ちき》の仲であった。

若干のプロフィールを記したい。

とかく高虎に関しては、「生涯七人の主君を渡り歩き、七十五歳で没するまで築いた城は三十城以上」とレッテルが貼られ、かつ「裏切者」とも呼ばれてきた。

まず、浅井長政に仕え数々の武功を立てるが、浅井家は間もなく没し、織田信澄の家老になっている。その信澄は明智光秀の女婿であり、ここで光秀との知己を得たのであろう。「関ヶ原」で南光坊とともに西軍の朽木元綱の寝返りを策したのも高虎であって、元綱は信澄に仕えた時の同僚家老であった。

その後請われて羽柴秀長（秀吉の実弟）に仕え、本来兼ね備えていた測量技術や力学の能力をいかんなく発揮していつしか築城の名手となり、かつ秀長の家臣として忠勤に励むのである。ところが思わぬ秀長の早世にあうが、太閤秀吉も引き続いて高虎を重用する。

さて太閤秀吉の没後世上は混沌とし、石田三成による「家康暗殺事件」が策されるのだが、新時代の風を強く感じた高虎はあえて徳川方に擦り寄り、家康の危機を未然に防いだのである。

以後は家康の信任が厚く、築城の名手のみならず、生国・近江商人の培われた計算力と、組織や物・金（物流）を円滑に循環させる能力にも優れ、外様大名と

陽明門を守護する明智光秀像（上）と娘婿・秀満像（下）

二人の袴には明智家の家紋が描かれている

しては三重・津藩三十二万石になっていた。

ちなみに、高虎の測量技術や治下の経済圏に、私は蒲生氏郷の家臣であるイタリア人のジョバンニ・ロルテス（帰化名・山科羅久呂左衛門勝成）の影響を垣間見るのであるが、詳細は後ほど触れたい。

このように「本能寺の変」以前にすでに知己であった光秀と高虎であるから、高虎は天海僧正の素性を誰よりも知り抜いている希少な一人であったことだろう。

晩年の家康から、高虎の忠誠を謝すものの、「其方《そなた》と余とは宗旨が違う。来世まで一緒にできぬのが残念じゃな」と言われた高虎は、一念発起し天海僧正の下に訪れ、天台宗の受戒を請うて戒が授かるや否や、両名ともに家康の下に出仕した（家康は本来「浄土宗」であったが天海僧正に帰依し、「天台宗」に改宗していた）。そして「これにて来世の御奉公も叶います」と奏上すると、家康もことのほか喜び、

「我れ来世にて権現とならん！　両名は長く我れの左右にあって徳川家の守護神となれ」と言ったがゆえに、左側の武将像は藤堂高虎だというのである。

しかし、この説は甚だおかしい。藤堂家の家紋は「蔦紋」であるからだ。武家社会においての家紋の重要さは、歴然としている。やはり、明智光秀と秀満の像と考えるべきである。

●日光東照宮には明智家の家紋が鏤《ちりば》められている

愕くべきことに、この武将像に使われている土岐明智家の裏桔梗紋が、日光東照宮内の数箇所で散見できる。特に鐘楼台《しょうろうだい》の裳階《もこし》に、ふんだんに鏤《ちりば》められているのである。

なぜ公然と、「光秀天海」を連想するような裏桔梗紋が鏤められているのであろうか。

天海僧正の公式的な家紋は「丸に二つ引き」(丸に七つ割二つ引き紋、ともいう)である。日光山輪王寺三仏堂の外、天海を祀る慈眼堂及び背後の巨大な墓の香台などに見ることができる。

また、東叡山寛永寺の両大師堂や仙波・喜多院でも確認される。

なぜ「丸に二つ引き」紋だったのかを調べていくうちに、明智氏のルーツともいわれる遠山氏に行き当たった。遠山氏は美濃国・明知城主である。

その十一代・遠山景行は北条早雲を慕い、明知城を退去して小田原北条氏に仕え、江戸城代となっている（家康以前の江戸城）。

そこで、光秀の叔父の明智光安がこの遠山氏の明知城ともどもその遺領を継ぎ、遠山氏の家紋「丸に二つ引き」紋と「桔梗」紋の二つを使っていた。そこで、天海もそれを利用したのであろう。

つまり、天海僧正としては公式的には「丸に二つ引き」紋を使用し、「光秀天海」の暗示には土岐氏系の「裏桔梗」紋をやたらと鏤めたのであろう。

なお、この「丸に二つ引き」紋の「引き紋」は、「引き両紋」ともいわれる。「両」は二つを表すことから、二本線を引いたものが基本になっている。また「両」は龍を表すとも、霊を表すともいわれている。室町幕府を開いた足利氏の紋が「丸に二つ引き両」紋である。

天海僧正のもうひとつの説である陸奥国・会津高田生まれの「南光坊随風」。彼の幼名は蘆名《あしな》兵太郎であり、蘆名氏の一族であったことが確認される。この蘆

「家紋」は天海の出身を考察する重要な手がかり

丸の内に三つ引き

丸に二つ引き

同じ「桔梗」の紋でもこれだけ違う

太田桔梗

桔梗

名氏の家紋は「丸の内に三つ引き」（丸にはなれ三引き）紋といわれるものである。

そもそもこの蘆名氏は、中世会津地方の領主であり、三浦義明《よしあき》の子、義連《よしつら》の末《まつ》裔《えい》といわれる。蘆名の名称は三浦半島の地名によるものであって、鎌倉中期以降に会津地方に移住し、南北朝内乱期には一地方勢力として確立している。応永年間（一三九四〜一四二八）の満盛・満政の頃には会津地方を制圧し、後《のち》の蘆名盛《あしなもり》氏《うじ》の頃に最盛期を迎えたが、義広の時の天正十七年（一五八九）六月に伊達政宗に敗れて滅亡している。

「南光坊随風」はこの蘆名盛氏の一族なのだから、会津出自の天海僧正であるならば、堂々とこの蘆名氏の家紋「丸の内に三つ引き」紋を使うべきである。

ここにおいて「丸に二つ引き」紋と「丸の内に三つ引き」紋との違いからも、天海僧正の会津出自説が否定される（前ページ参照）。

なお、蘆名氏の家紋の三本線であるが、「丸の内に三つ引き」（丸はなれ三引き）であって、従来の「丸に三つ引き」とは明確に異なる。蘆名氏の家紋の三本線は丸線から離れたものであり、おそらく三浦半島の「三」から由来したものであろう。

また家紋のついでであるが、慶長十九年（一六一四）に天海は江戸城に「桔梗門」を造っている。この門は現在一般参観者の入場門になっているが、今でも門の鬼瓦には桔梗の紋が刻まれており、当時は天海僧正専用の通過門だったのであろう（「江戸城ガイドブック」には室町時代に旧江戸城を築いた太田道灌《おおたどうかん》に因み云々……とあるが、これはおかしい。それは「太田桔梗紋」といって非常に細身の桔梗紋であり、明智光秀の桔梗紋とはまったく異なるからであるし、何よりも慶長十九年に開門したことを重視したい）。

●光秀の「慈眼寺」と天海僧正の「慈眼堂」

日光の輪王寺には、徳川家光廟の「大猷院《だいゆういん》」がある。その手前の修行堂と称する講堂の裏手に回ると山道が現れ、百五十メートルもあろうかと思われる坂を息を弾ませて登りきると山門が佇《たたず》む。その山門を潜ると無人の「慈眼堂」が建っている。何とも穏やかで静謐《せいひつ》そのものである。その真裏には六人の将神像を随《したが》えた雄大な五輪塔墓石があり、私はさながら明智光秀公に拝謁するかの錯覚に陥った。

「慈眼」とは衆生を慈悲の心で見る仏、菩薩の眼である。家光は自身が慈父のごとく慕った天海僧正の遷化後、この「慈眼堂」を建立し、かつ「慈眼大師」の諡《し》号《ごう》を天海に贈った。

一方、京都市右京区京北周山《しゅうざん》町にも明智光秀所縁《ゆかり》の曹洞宗「慈眼寺」がある。その釈迦堂には市文化財の明智光秀像が安置されている。だが本能寺の変で主殺しの汚名を着せられたため、木像を墨で塗りつぶして密かに祀られていた。この寺院が天台宗ではなく曹洞宗であることは、光秀が比叡山山麓に遁げ込み、天台宗に帰依する以前の証左にもなる。

この慈眼寺の存在から考えて、「明智光秀＝慈眼」という概念が天海僧正以前にすでに成立していたことがわかる。慈眼の本質が光秀を指す概念であるならば、家光が天海僧正に諡号として「慈眼」を贈ったこともまた、光秀＝天海の傍証であると考えざるを得ない。

家光は、春日局の「化粧の間」がある川越・喜多院にも天海僧正遷化後、「慈眼堂」を建立し、その寿像を安置している。さらに家光は、大津市坂本の「滋賀院門跡」から「日吉東照宮」へ行く途中にも「慈眼堂」を建立している。

おそらく家光は、生母・春日局を通じて、生母の祖父に近い存在である明智光秀の実像を、天海僧正の中に垣間見ていたのではないだろうか。

家光廟の「大猷院」の唐門の前に立つと、その背後に鎮座する天海僧正の「慈眼堂」が、大猷院を温かく包み込んでいるような静謐さを感じる。これこそが、家光に対する天海僧正の慈愛なのであろうと思うのである。

神君・徳川家康公を主神として、三代将軍・家光と天海大僧正の三人のみが日光東照宮に同時に祀られているという事実に、ただただ瞠目《どうもく》せざるを得ない。

家光の名付け親は天海僧正で、家康と光秀からの偏諱《へんき》（貴人などの二字の名の中の一字を元服の際に与えること）であるという謂《いわ》れも自ずと首肯できるのである。

●傍証の白眉《はくび》、「明智平《あけちだいら》」という地名

この日光東照宮の煌《きら》びやかさから想いを一歩そらして「いろは坂」を登ると、そこには中禅寺湖や華厳の滝も一望できる「桃仙郷」「詩仙郷」「美しが原高原」まがいの、日光で最高の一大景勝地が出現する。

天海僧正はここをいみじくも「明智平」と名付けたという。

なぜ、よりによって「明智平」などと明智姓に拘《こだわ》ったのであろうか。

秘密の厳守を固く誓い合った盟友・家康も今はなく、時代の流れとしても、明智姓を自由に使える風が吹いてきたからであろうか。それにしても「明智平」などと、よくもまあ名付けたものである。

滋賀県大津市・西教寺の「明智光秀公顕彰会会員」にかつて明智義雄氏がいて、明智姓に纏《まつ》わる苦労話を伺ったことがある。この明智氏は光秀の側室の子・於寉丸《おずるまる》の末裔で、歴史研究家の明智憲三郎氏はそのご子息である。

すなわち、

「天下の大逆臣である我々子孫は明智姓を名乗れず、明田姓に変名して世を忍びやっと明治十二年頃、明田家に伝わる系図、武鑑を添えて内務省に復姓を願い出て赦された」

と言う。

また明智氏は、主殺しという極悪非道の子孫であることを盾に取られ、徴兵検査の折に軍部から、「明智！　貴様は死んで来い！　死んで国家にお詫びしろ！」とまで言われたと聞き及んでいる次第である。

一方、「桔梗紋」を持つ人たちも世を憚《はばか》り、家紋の桔梗の尖端をカットして桜紋紛《まが》いにして使ったという事実もある。

それに対して、そもそもの張本人である光秀天海が、「日光」で最高の景勝地を選りによって「明智平」と命名したり、桔梗紋を日光東照宮内に鏤《ちりば》めたりしているとは……。

石灯籠に、「奉寄進　願主光秀　慶長二十年二月十七日」と、いとも安易に実名を表した衝動に似てはいないであろうか。（89ページ参照）

●光秀天海を暗示する童唄《わらべうた》「かごめ、かごめ」の歌詞

東照宮の一番奥に鎮座まします神君家康公・御霊廟前に、亀の上に乗った鶴の像がある。ここから、かの有名な童唄《わらべうた》「かごめ、かごめ」が「光秀天海」を暗示しているという説がある。

かごめ、かごめ　　籠の目（から中を覗くと）
籠の中の鳥は　　籠の中の鳥は、（鶏《にわとり》）
　　ニワトリは時を告げる
　　そしてその時＝（土岐《とき》は……）
いつ、いつ出やる　　いつ、出て来るの……
　　ニワトリは太陽に向かって朝一番に啼く
夜明の晩に　　夜明け（日光）＝晩（可児《かに》市・岸和田市）
　　鶴（家康）と亀（光秀）は、日光東照宮のシンボル

鶴と亀がすべった

《すべる》は《統《す》べる》

徳川と明智が、日光（日本）を統治している

後ろの正面、誰あれ

さあて、後ろの正面は誰あれ……

（岸和田の本徳寺《ほんとくじ》に居るのも、誰かしら？）

この童唄は、さながら陽明門に彫られた「唐風童子達」が丸く囲んだ後ろを、鬼役の童子が呪詛《じゅそ》のごとく唄い回り、次の鬼役を当てるのであろうか。意味深長な暗示が所々に潜んでいるようで愕かされるのだが、とかく童唄は無意味な言い回し、掛詞《かけことば》の内にも真実を密かに内包させているのである。

ところでこの「かごめ、かごめ」には続きがあるというのだ。すなわち、

向こうの山で鳴く鳥は　信心鳥かニワトリか

金三郎のお土産に何もらった　金ざし、かんざし、もらった

納戸のおすまに置いたれば　きゅうきゅうネズミが引いてった

鎌倉街道の真ん中で　一抜け、二抜け、三抜けサクラ

サクラの下で　文一本ひろった
あくしょあくしょ　一本よ

と唄われているのであるが、もうすでに「かごめ、かごめ」のオリジナリティが抜け去ったような支持滅裂な言い回しになっているようで、別唄なのであろうか。

●「かごめ」が意味する「六角星形」に込められた思い

「かごめ」とは、籠目《かごめ》＝籠を竹で六つ目編みした時の「籠の目」であり、亀甲の形、亀甲の目でもあるし、亀甲は鶴の下の亀でもある。

また、当時は竹を六つ目に編んだ竹籠でニワトリを飼っていた。ニワトリは太陽に向かって朝一番で時を告げる目出度い鶏だ。

さらに穿《うが》った見方をすると、この籠の目、亀甲が、「六角星形」に飛躍する。

「六角星形」（Hexagram）とは、「ダビテの星」（またはソロモンの印）として知られている。つまりこの「六角星形」にこそ、天海僧正の意図した仕掛けが隠されているのではないだろうか。
家康の墓所「久能山」から「日光東照宮」へ、山王一実神道の名目の下に半ば強引に遷座したのも、天海僧正であった。日本の中央部に「六角星形」を描くとは、天海僧正によって意識的に企てられた重要な仕掛けがあるのではないだろうか。
その基線は、
久能山―富士山頂―秩父・明智寺―世良田東照宮―日光東照宮
これらを結ぶ直線から端を発しているのではないだろうか。そしてこの「六角星形」の稜線を構成する尖端の地名には、「光秀天海」説を立証する愕くべき仕掛けが隠されているのではないだろうか。
かくして、私の試行錯誤が始まった。
天海僧正の「六角星形」の定理をはじめ、先述の陽明門の建立に際しての「黄金比」、すなわち西洋美学を巧みに採り入れる美意識は、どこに由来しているのであろうか？

実は、これらの技術は当時織田信長の娘婿であった蒲生氏郷《がもううじさと》の家臣で「兵法・天文学・地理学・測量学・会計学」等を究めたという、前述のイタリア人・ジョバンニ・ロルテス（日本に帰化して山科羅久呂左衛門勝成。以下、山科勝成）を通じて、「光秀天海」が学び取ったものではないかと思われるのである。

特に数学の中に含まれている測量技術を重点的に学び、ユダヤの紋章・六角星形、さらにユダヤの思想をも学んだのではないだろうか。

そこで、まずロルテス（山科勝成）の経歴を見てみたい。

蒲生氏郷は近江国蒲生郡日野城主・蒲生賢秀《かたひで》の嫡子で、信長の許に質子《ちし》に出されてその器量が認められ元服後、信長の娘・冬姫と結婚するが、「本能寺の変」で秀吉に与《くみ》して破格の出世をする（『本能寺の変　秀吉の陰謀』参照）。

その蒲生家伝来の文書《もんじょ》『御祐筆日記抄略』によれば、天正五年（一五七七）にジョバンニ・ロルテスと名乗るイタリア人が紹介状を持って蒲生氏郷に仕官を願い出た。その紹介状には、「ロルテスは軍人にして兵法はもとより幾何学・天文学・地理学・測量学・経済学も究め、張良や孔明をも凌ぐ」とあり、氏郷は家老一同と合議においてその可否を諮《はか》るが、議論百出の末召し抱えることが決まったという（紹介者はイエズス会宣教師オルガンティノと目される）。

当初ロルテスは鉄砲や大砲などの武器の製作にあたり、小牧・長久手の戦い、九州征伐、小田原征伐にも大いに威力を発揮していたが、やがて母国ローマとの交易にも従事して銃砲器類以外の物流に功績をあげ、かつ蒲生氏郷治下の経済圏もその会計学で潤滑化したという。

また類まれなヨーロッパ固有の幾何学・天文学・建築学・測量学・会計学などのエッセンスが、同じ近江という経済圏で藤堂高虎とも深く関わっていき、やがては光秀天海へも伝わったのであろう。

●天海と「フリーメイソン」の知られざる接点

ちなみにロルテスは、「フリーメイソン」の会員であったともいわれているが私はそこに矛盾を見いださない。

ここでいきなり「フリーメイソン」などが飛び出してきて戸惑う諸氏もおられようが「フリーメイソン」を『広辞苑』で見ると、

「アメリカ・ヨーロッパを中心にして世界中に組織を持つ慈善・親睦団体。起源には諸説あるが、18世紀初頭ロンドンから広まる。貴族・上層市民・知識人・芸術家などが主な会員で、理神論に基づく参入儀礼や、徒弟・職人・親方の三階級組織がその特色。モーツァルトの歌劇『魔笛』などが知られる」

とある。

そもそもフリーメイソン（Freemason）は、『自由な石工《いしく》』、すなわち「Free＝自由な（自営の）」と「Mason＝石工」に由来している。ここで言う自由とは、石工たちが中世ヨーロッパで特権階級であったことを示している。当時の石工は城壁や教会は言うに及ばず、橋梁《きょうりょう》や道路などあらゆるインフラ工事を建造する国家の最重要技術者であった。

しかもその「シンボルマーク」は二つあり、「コンパス・直角定規」と「全能の目」である。後者はさて置き、前者はコンパスと直角定規が交錯した中央に「G」が置かれているのである。

フリーメイソンのシンボルマークが暗示するものとは？

フリーメイソンの
高度な技術が天海
に伝わっていた

「コンパスと定規」は、大きな伽藍《がらん》を戴《いただ》く大教会や城館、橋梁等の緻密《ちみつ》な設計積算、測量の高度な技術に繋がるものであり、「G」には、「God＝神」「Glory＝栄光」「Grandeur＝寛容」のほか「Geometry＝幾何学」も含まれているという。

その高度な幾何学・天文学・建築学・測量学のエッセンスが、蒲生氏郷・家臣のロルテス（山科勝成）を通じて光秀天海に伝わり、偶然の因果律とは思えないほどの「光秀天海」の展開を見るのである。

すなわち初期的なフリーメイソンの持つ高度な技術のいくつかが、方位学の測定や江戸都市計画の構築に大いに寄与していたのである。

「初期的なフリーメイソン」と記したが、織豊期の頃英国では、ヘンリー八世の離婚問題などに端を発して、カトリック教会と激しく対立し、フリーメイソンは一種の隠れ蓑として大きく変貌していくのである。そしてフランス革命、米国の南北独立戦争、坂本龍馬暗殺事件などにフリーメイソンが大きく関わったと喧伝されるのだが、私の申し上げる「フリーメイソン」はあくまでも初期的な、すなわち高度なテクノロジーを駆使する高等技術をもつ集団である。ロルテスがローマのフリーメイソンの会員であったとしても、まだ日本にはフリーメイソンのロッジ（所属集会所）が皆無で、あくまでもロルテス単独の来日であり、日本にもたらしたのはあくまでもフリーメイソンとして凝縮されたそのノウハウである。

●光秀の起承転結を表現する直線「光秀＝天海ライン」

フリーメイソン的な思考も絡めて、「六角星形」の奈辺について考えてみたい。
まず基線、つまり、

久能山―富士山頂―秩父・明智寺―世良田東照宮―日光東照宮に至る直線、すなわち久能山を起点として、日光東照宮への稜線に併せて60度反対の方向に線を引くと富山周辺と交叉して、それぞれ60度の角度を持つ「逆正三角形」ができる。

さらに江戸城を起点として、それぞれ60度の角度を持つ線を引くと、柏崎、岐阜県・付知周辺を底辺とした「正三角形」ができる。この両者、「逆三角形」と「正三角形」を正確に重ねると当然、「六角星形」ができあがる。

かくしてこの六角星形の一片の日光東照宮と江戸城は、まさに真北を向く直線で結ばれる。すなわち日光東照宮は、江戸城から天帝星である「北極星」を仰ぎ見る真北に位置する稜線が構成されることになり、徳川家康の御霊は江戸城の総鎮守大権現となるのではないか。さらに付知を基準点にして西方にこの六角星形を伸ばしていくと「岸和田・本徳寺」に繋がりそうであると、一時は有頂天になった。

しかし、本来真北であるはずの「江戸城―日光東照宮」の北辰信仰ラインですら、精査した結果、残念ながらどうやら2度ほどずれているようである。

「光秀＝天海ライン」と２つの「六角星形」

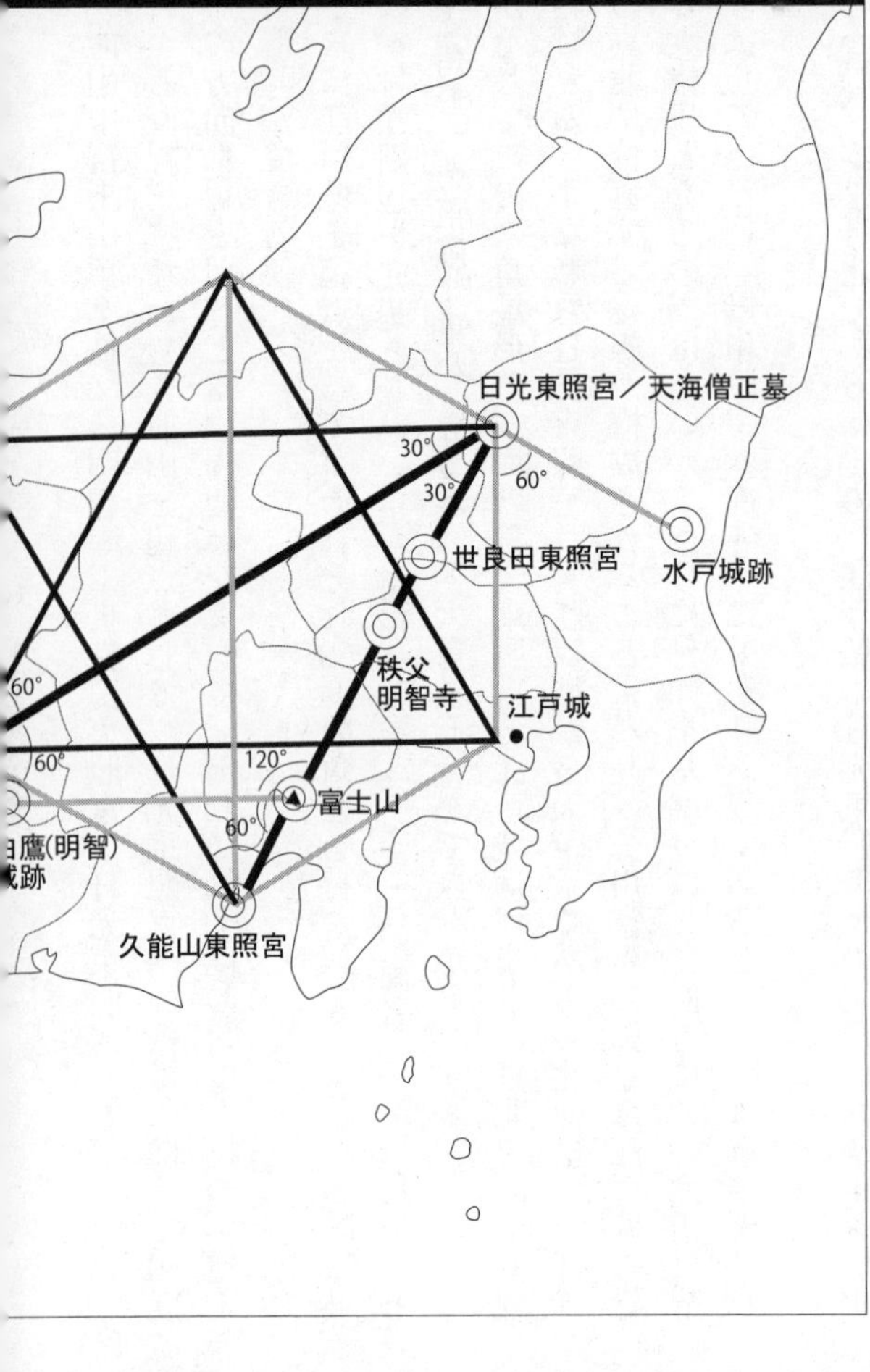

家康に関連する4本のライン

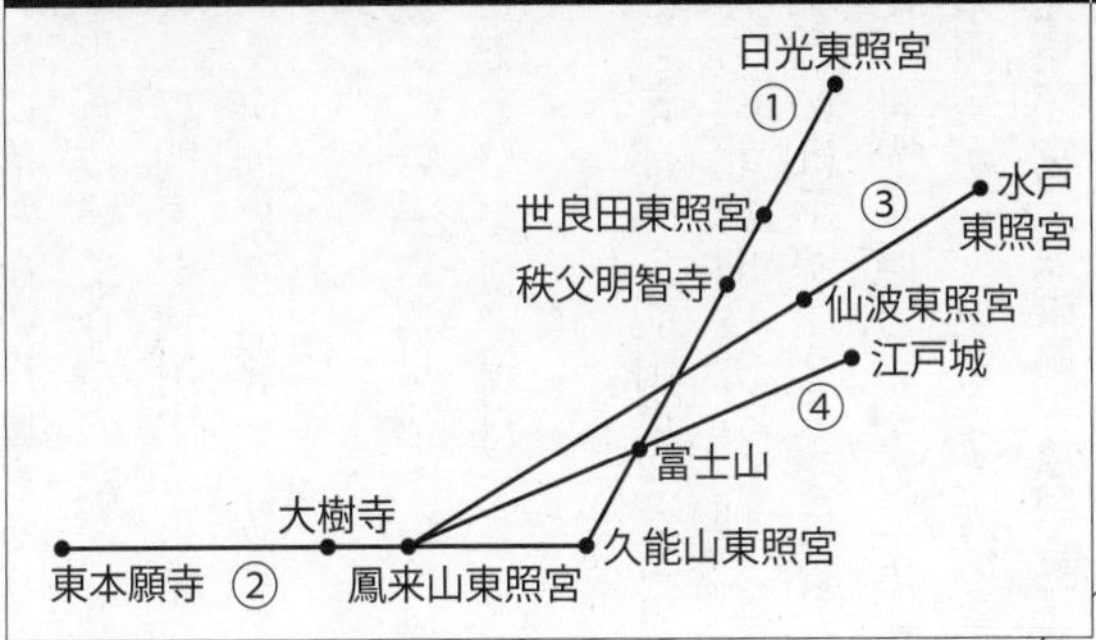

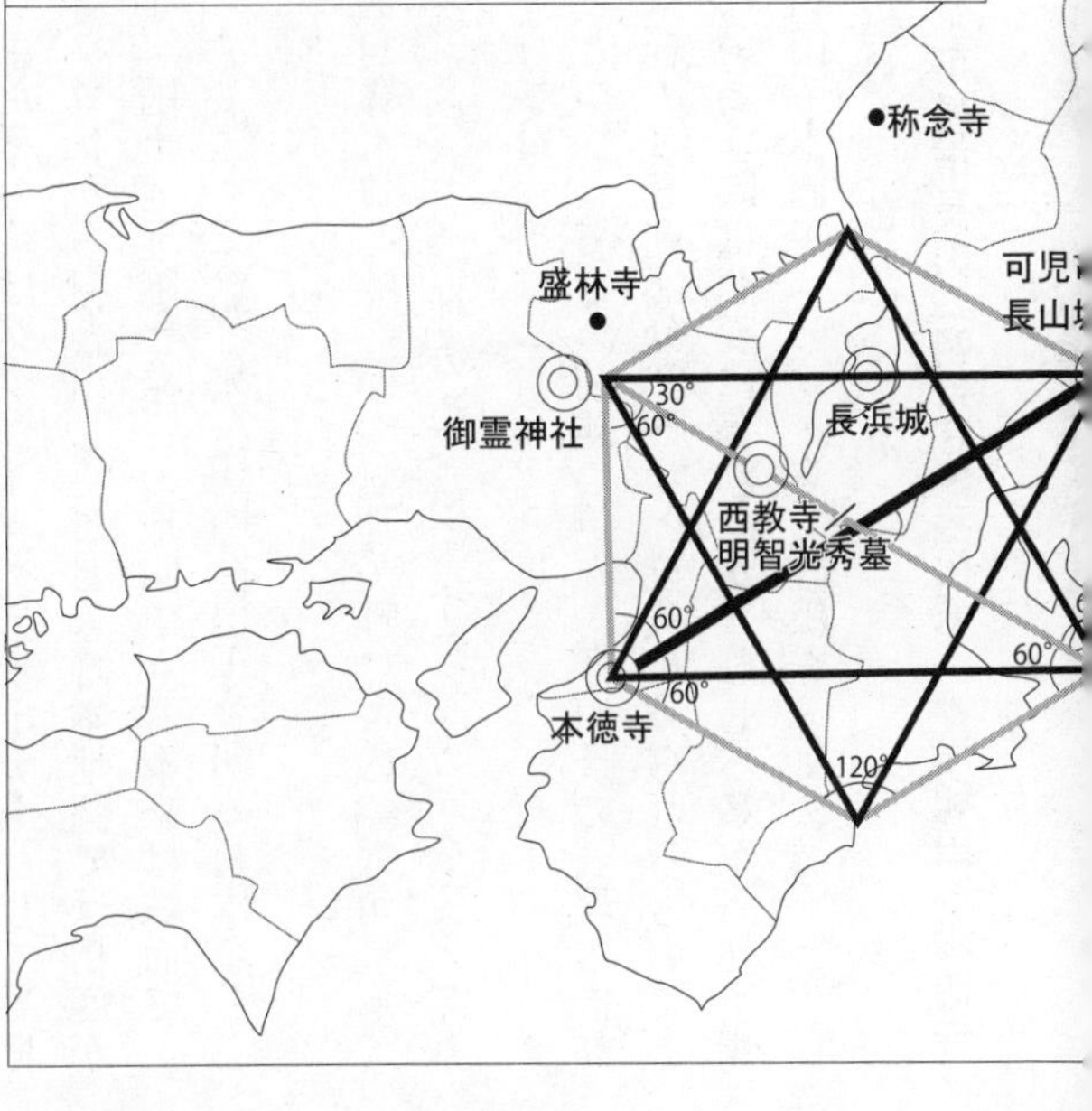

私とても、かつては「都立小石川工業高校・電力科」にあって製図作成能力には人後に落ちない自負もあり、またその後はグラフィックデザイナーとして半世紀を生き抜いてきたのだが、パソコンから引き出したごとき日本地図では精度が粗い。専門家が使用する正確な「国土地理院」発行の地図でも、本来は球面であるのを平面に投射して作図したものであるから、作図は慎重を期さねばならない。

故にこの「六角星形」の作図自体も難しく、かつ無理矢理にこの「六角星形」にこだわって決め付けていくのではなく、他の道を模索すべく方向を変えてみた。

たとえば「久能山東照宮」ひとつ採っても、前述の僚友・多田氏の表現を借りるなら「北緯34度57分53秒／東経138度26分03秒」と位置付けられるものであり、私には手が届きそうにもないと一時は悲嘆に暮れたが、むしろ私が当初予測した「日光東照宮」から「岸和田・本徳寺」のラインに直線を一気に引くと、日光東照宮から可児市（光秀の生誕地）も含めて、

日光東照宮（家康廟―慈眼堂）―可児市長山《おさやま》（明智荘・長山城）―岸和田・本徳寺

と見事に一本化される。「日光東照宮」で天海僧正の活躍と埋葬地、「可児市（明智荘・長山城）」で明智光秀の生誕と躍動、「岸和田・本徳寺」で光秀から天海への転生と、「光秀天海」に関するまさに起承転結（「かごめ、かごめ」の唄の後ろの正面だあれ）が整った直線と言い得るのである。

　そこでこのラインを当研究の主要基線と定め、「光秀＝天海ライン」と名付けた。そして僚友の多田克己氏と共同制作で、「東照宮の配置と不死のライン」と「光秀＝天海ライン」の二作図を掲出して説明してみたい。

　すなわち、「六角星形」で無理強いして解釈するのではなく、「ある方向と基準の方向との関係を、直線で解き明かして見せる天海マジック」で解明してみようとする試みである（結果的には、二個の「六角星形」が繋がったのだが）。「方位学」とも言うべきだろうか。

　昔から方位に陰陽五行説や干支《えと》（十干十二支）などを配して、その吉凶を占っている。たとえば、多田氏の調査によると、明治天皇を祀る「明治神宮」は、宮内庁―迎賓館―絵画館―明治神宮と、宮内庁とまさに一直線上にある。

また「紫衣《しえ》事件」で流刑に処せられた沢庵宗彭和尚が、天海僧正の嘆願で恩赦され、かつ三代将軍・家光の厚い帰依を受けて「東海寺」（品川区）を開基したが、これも、

寛永寺・弁天堂—神田神社・平将門《たいらのまさかど》首塚—芝大神宮—東海寺

と、愕くべく一直線上に置かれているのである。

寛永寺・弁天堂は言わずもがな、天海僧正の作意である。また神田神社・平将門首塚は、徳川家康入境以前からの江戸鎮守の要《かなめ》であり、かつ首塚は江戸城大手門。芝大神宮は芝神明と呼ばれ、徳川家の菩提寺・芝増上寺の鎮守である。これらを鑑《かんが》みるにつけ、方位を示す直線の神秘性、もしくはそのマジックに愕く。

●東照宮の配置と「不死のライン」

この作図の特徴は、家康の埋葬廟「久能山東照宮」と出生祈願・誕生寺「鳳来山東照宮・大樹寺」、そして「複数の東照宮」を結ぶと、自ずと一つの意図を持

った直線が現れてくることにある。以下、

①久能山東照宮―富士山頂―秩父・明智寺―世良田東照宮―日光東照宮（不死《ふじ》のライン）

②久能山東照宮―鳳来山東照宮―大樹寺―東本願寺（太陽の道・２０４ページ参照）

③水戸東照宮―仙波東照宮―鳳来山東照宮（水戸東照宮ライン）

④鳳来山東照宮―富士山頂―江戸城（不死・江戸城ライン）

不死のライン（①）を一辺として、六角星形（以下、大型六角星形）を構成してみたが、すべてが家康に関連したラインなので、①の直線以外は、「光秀＝天海ライン」に絡《から》まないのである。

ところが当研究の主要基線とした「光秀＝天海ライン」には、前述の通り、光秀天海の生きざまを露呈している。

さらに、この「光秀＝天海ライン」と、前掲の「不死のライン」、すなわち

・日光東照宮（家康廟―慈眼堂）―可児市（明智荘・長山城）―岸和田・本徳寺

・久能山東照宮―富士山頂―秩父・明智寺―世良田東照宮―日光東照宮

このふたつのラインが日光東照宮で交錯すると、角度が何とピッタリ30度。また、このラインの角度を右に30度振ると、今度もピッタリと「日光東照宮―江戸城ライン」に繋がり、まさに奇跡と言わざるを得ない。

かくしてこの二つの線を基準にして60度の角度で正線を引くと、完全な大小二個の「六角星形」が構成され、ただただ愕きである。

しかもこの基線の「可児市・明智荘・長山城」と「岸和田・本徳寺」から構成される小型六角星形は、その頂点もしくは関連線上に「福知山市・御霊神社」「岸和田・本徳寺」が位置し、かつ交錯する線上に光秀の菩提寺「西教寺」や「長浜城」（事変後光秀が陥した秀吉の城）等も置かれているし、また関連線上周辺には、「福井県・称念寺」や「宮津・盛林寺」（お玉建立の父光秀の供養塔）等もが模索できるのである。

この件《くだり》にこそ、「光秀天海」の関連の度合いの深さを痛切に感じ、かつその事実（因果関係）が強力に示唆されるのである。

否！　これこそ「明智光秀は生きていた！」と言う証左以外の何物であろうか？　本当に光秀は生きていたのである！（276・277ページ参照）

●「フリーメイソン」の三つの数字と天海の不思議な因縁

初期の「フリーメイソンの位階制度」の構成は、グランドマスター―親方・9人―職人・13人―徒弟・33人であった。

なおかつ、その「グランドマスター」が、かってイスラエルで栄華を極めた【ソロモン王】だったという言い伝えもあり、「フリーメイソン」においては、この【9・13・33】の数字が重要視されるのである。

ところが「光秀天海」においても、この数字が随所に垣間見られて愕くこととなる。

まず天正二十年（文禄元年・一五九二）に徳川家康が天海僧正に造営を命じた「秩父神社」（日光東照宮のルーツか）の拝殿と、本殿との間の幣殿側面の東西に向き合った二人の人物像。すなわち東西に同じ桔梗紋を持して控える、光秀・天海と思《おぼ》しき武人と僧侶の件《くだり》を想起していただきたい（253ページ参照）。

観音信仰の具現として我が国では、西国三十三カ所の観音霊場への巡礼が古くから行われていた。また各地での三十三カ所・観音信仰が流行っていたわけであるが、そもそもこの三十三カ所とは、『妙法蓮華経観世音菩薩普門品《ふもんぼん》』の観音経の「観世音菩薩の三十三身十九説法」に拠ったものであるが、これも偶然なのだろうか、「33」である。

ところが、この「秩父観音霊場」に限って三十四カ所である。「秩父札所」の古文書は、「秩父札所第三十二番・法性寺」に保存されており、それは『貞享二年秩父観音札所番付』と呼ばれている。

「三十三カ所」の観音信仰が、秩父に限ってなぜか「三十四カ所」となって「日本百観音霊場」の中に入っているというには、余程の事情なり経緯があったに違いないのである。

そこには当然、「徳川家康＝秩父＝天海僧正」が関連した相関図が隠されていたのであろう。すなわち「秩父札所三十四カ所」の内、「第九番・明智寺」「第十三番・慈眼寺」と改名されており、元々、明智寺は明地正観音、慈眼寺は壇の下と呼ばれていたのであり、ここにも【9・13】にそれぞれ「光秀天海」が暗示されているのだ。

また「日本百観音霊場」＝西国三十三カ所、坂東三十三カ所、そして秩父三十三カ所に天海僧正が企図して前述の明智寺（第九番札所）を加えて「百観音霊場」にしたのである。

そして秩父の第九番札所に対して、坂東の第九番札所に「都幾山慈光寺」を据え、都幾＝土岐、慈光の「慈」は慈眼大師の慈（天海僧正）、「光」は当然、光秀の頭文字である。また西国の第九番札所は「興福寺南円堂」で天海僧正ゆかりの寺である。

さらに「十三権者《じゅうさんごんしゃ》」を表す西国の第十三番札所には「石光山石山寺」で、光秀の坂本領内の寺である。しかも興福寺南円堂の「南」と、石光山石山寺の「光」で「南光」、つまり南光坊天海を指しているのであり、【9・13】と「光秀天海」を暗示している。

また、天海僧正が【13】に拘《こだわ》る証左として、大津市坂本の「慈眼堂」には、十三体の巨大な石仏が並んでいて壮観である。これは滋賀県高島市鵜川の四十八体の石仏から、わざわざ巨大な十三体の石仏を選んでこの坂本に搬《はこ》んだという、曰く因縁がある。

『絵本太功記』は全十三段（就中、第十段・尼崎の段が有名）。「光秀の十三日天下」「山崎の戦」で六月十三日に敗北。「9・13・33」の総和が「55」、すなわち明智光秀五十五歳・前世の締め括り、等々、偶然と言い切れない偶然が続出している。

「六角星形」にしろ、【9・13・33】にしろ、何かとフリーメイソンの影を引きずっているような不可思議さが横溢《おういつ》している。

●天海の筆跡を鑑定する

前述の通り、TBSは殊の外「光秀＝天海説」がお好きなようで、過去三回ぐらい放映しているが、なにせ昭和時代のこととて、辛うじてVHSの録画テープは手元に残っているが、後二本はベータ方式の録画テープだったので破棄してしまっている。

記憶を頼りに想い起こしてみると、「天海の筆跡鑑定」を行っている。警察関係でも活躍している著名な筆跡鑑定家が登場し、両者の筆跡を鑑定した結果としては、

「同一人物ではないが、非常に血筋の似通った点がある」

とのこと。

つまり両者は非常に似通った面もあるが、さりとて同一人物の筆跡ではないという結論で、さながら親子関係のようだと鑑定士は宣《のたま》うのである。

これでは光秀の長男・光慶《みつよし》（出家して玄琳《げんりん》または南国梵珪《なんごくぼんき》）か乙寿丸《おつじゆまる》、もしくは側室の子・於寉丸《おずるまる》、云々と決め付けるようなものである。たしかに筆跡だけに絞るのならば妥当の鑑定かもしれないが、これをもって天海僧正の存在を、光秀の後継者の一人と推測するにはかなりの無理がある。

甚だ卑近な例で申し訳ないが、私は両親・姉・妹の五人家族であったが、母・姉・私が右上がりの字を書いて筆跡が近く、父・妹は角ばって似通った字を書いていた。

だが、たかが筆跡の違いで「光秀＝天海」は別人と分類されたり、決め付けられたりすることはできない。

本書で述べてきたようなこれほどの傍証を持ち、かつ偽装死までした光秀が天海僧正として生きるのであるならば、方便として二通りの筆跡ぐらい持ち合わせていたことであろう（私ですら清書用の右上がりと、メモ用の平たい字を書き分けている）。

古文書《こもんじょ》を読むことが商売であり、光秀、天海の古文書は何点も見ている私にしても、非常に似通った個所、はてまた多少異なる個所は散見する。

しかし、再度比叡山山麓の不動堂にある件《くだん》の石灯籠を見るならば、ここに刻まれている光秀という文字は、武将時代の光秀の花押に添えられている崩し字「光秀」と酷似しているのである（91ページ参照）。

積年の明智一族の怨念を晴らすため、そして豊臣家滅亡の祈願のため、わざわざ「俗名光秀」の名で寄進した物であればこそ、ついつい気持ちも綻《ほころ》び、実在の明智光秀に立ち戻ったのであるとすれば、天海僧正の筆跡による紛れもない「光秀」の刻字である。まさに、両者・同一人物である証左となるのではないだろうか。

●健康管理に気をつけていた家康は、天海の知識を喜んだ

我が家に残存している「世界ふしぎ発見！」の録画テープを見てみると、天海僧正は、家康の健康管理に欠かせない食べ物として「納豆《なっとう》」を強く薦めている。ナットウキナーゼの効用はもとより、天海僧正は薬草の効用にも精通していたらしい。これは当然のことで、天海僧正は若い頃比叡山山麓に籠もり、天台教学の研鑽はもとより、山王一実神道が結実するまでの修行得道の一環として山岳信仰にも精を出していた。山伏修験者さながらに山林を駆け巡り、薬草の効用にも励んだことであろう。

当時の医学は外科医的なものより、内科医的な治療に重きをなしていた。薬草（薬物）の効用に通暁《つうぎよう》することで、それなりの医術専門家になり得ていたのであろう。

家康も人一倍健康管理志向が強かったから、天海僧正の指導を喜んで仰いだこ

とだろう。

家康のイメージといえば、暇さえあれば舟形の薬研《やげん》台で薬種を押し砕いている姿である。また専用の菜園を持ち、外では入手できないような薬草も栽培していたほどの凝り性でもあった。

天海僧正は「枸杞飯《くこめし》」の常食も強要していたという。枸杞はナス科の落葉低木で、本州以南の路傍や原野に自生している。若葉は茹でて枸杞飯や浸し物に、果実は枸杞酒、葉は枸杞茶、根皮は生薬として、古来用いられ、その効能は強壮にありと伝えられている。

さらに天海僧正は、薬草学の道のみならず、広く「食養道」をも極めていったのであろう。そしてこの漢方薬学の大家にして初めて、百八歳、もしくは百十五歳の長寿が実現できたのだろう。

また天海は秀忠、家光にそれぞれ長寿の秘訣を歌に詠んで送っている。

秀忠への歌は、「長命は粗食、正直、日湯、陀羅尼、時折ご下風《げふう》（屁《おなら》）、遊ばさるべし」。

家光へ「気は長く、務めはかたく、色薄く、食細くして、心広かれ（家光は短気で好色家だった)」。

さらに天海僧正は偉丈夫な大男だったという。テレビ番組では群馬県・世良田東照宮（長楽寺）に所蔵されている天海僧正の法衣が、人並外れて大きな骨格の人と紹介されていたが、明智光秀も同様に偉丈夫だったといわれている。

ややもすると光秀は有職故実《ゆうそくこじつ》に造詣が深い一級の文化人で、一見華奢《きゃしゃ》で繊細小柄なキャラクターを想像しがちである。

しかし、実は剛力無双の武将であり、片岡城攻めの折でも光秀は先駆けをし、敵方の武将・隅屋新六と戦い、《明智本ヨリ大力ノ事ナレバ、是ヲ事トモシ給ハズ、鞍ノ前輪ニ引付少シモ不動、頸掻き切テ捨タマウ》（『明智物語』）というほどの豪の者だったのであり、また槍の名手だったともいわれている。

●「光秀の槍」考察

「徳川家康は、光秀遺愛の槍を家臣の水野勝成に与える時、「光秀にあやかれよ」と明言している。もし後年のように光秀が信長殺しというのであれば、あやかれとは自分を殺せとの意になる。だから家康も光秀をもって信長殺しとみていない証拠である。つまり「光秀を主殺し」にしてしまったのは、江戸時代の儒学からである」

（元日本歴史学会会長・高柳光壽氏編＝『歴史読本』昭和四十二年十一月号載）

高柳光壽氏は「明智光秀研究」の第一人者といわれ、主著『明智光秀』（吉川弘文館）『本能寺の変・山崎の戦』（春秋社）が知られている。この昭和四十二年には歴史作家・八切止夫《やぎりとめお》氏が『信長殺し、光秀ではない』を出版して、センセーショナルな話題を提供し、自称明智家末裔の私も（当時三十四歳）大変ショックを受けた。

高柳氏が亡くなられたのが翌々年とあるから、晩年の高柳氏に多少の心の変化が見られたのかもしれない（八切氏の理論を評価していたともいわれる）。

朱子学（儒教）が『明智軍記』を捏造したように、儒学が「光秀を主殺しにした」という件《くだり》は当を得ていて大変興味深い言い回しである。

一方、八切止夫氏はさながら老練な手品師の如くで、瀟洒《しようしや》な飾り簞笥《たんす》にいくつも造った引き出しをひとつひとつ開けて見せながら、ある時はA、ある時はB、ある時はCと様々なヴァリエーションを呈示させながらも、各々説得力のある理論を展開する。

決して種《たね》を明かさないこの老練な手品師は、答えを観客（読者）に委ねるので、結局は答えを自分で探さねばならなくなるのである。

そこで私はデザイン業を引退してから、永年培《つちか》ってきた茶の湯研究から「本能寺の変」研究の世界に飛び込んでしまったのである。八切氏にも多少の影響は受けたが、さりとて私は彼のエピゴーネンでは決してなく、私の「本能寺の変」は独自の実証史学の上に成り立っている。

「本能寺の変」は実に魔訶不思議な事変である。それにも拘わらず、あたかも太陽は東から昇るがごとく、誰しもが「初めに光秀の謀叛ありき」から出発している。これが歴史的固定観念として、実に四百三十五年間続いてきたのである。

だが、もしコロンボ刑事がこの事変を担当したらどうなるだろうか。恐らく彼だったら、初期捜査の段階で5％の疑いの余地を残して捜査を進めたことであろう（すなわち光秀ではなかったのではという5％）。

「本能寺の変」に関わった人たちは、5%を疑う初期捜査の鉄則を最初から放棄して光秀の完全犯罪という歴史的固定観念で始まってしまったのであるが、この5%の微差が大差に通じる捜査展開、すなわちそこから「秀吉の陰謀」も炙《あぶ》り出てくるのである。

織田信長が本能寺である組織によって謀殺され、明智光秀がその謀叛人として冤罪を着せられてこれまた謀殺され、その後豊臣秀吉、徳川家康の天下が続く。時の為政者には都合よく真実が隠蔽されてきたのではないだろうか。

秀吉は事変後の十月十五日から、自らが主催した「織田信長大葬儀」の後に、御伽衆《おとぎしゅう》の大村由己《おおむらゆうこ》に『惟任退治記』を書かせて、「光秀が本能寺で主君信長を私怨から謀叛して暗殺したが、秀吉が見事に「山崎の戦い」で光秀を討ち果たした」という英雄伝を刷り上げて公卿衆に流布し宣伝したのだ。

●豊臣秀吉が計画し、徳川幕府が決定づけた光秀の虚像

本書の掉尾《とうび》にあたって、「光秀天海」の総仕上げを試みてみたい。

私は本書出版の後、今までの著作を整理して**『結局歴史は、誰かが書き換えている！』**（仮題）を書く予定にしている。

歴史とは常に時の権力者が、己の都合のよいように歪曲《わいきょく》偽装《ぎそう》し、かつ捏造して「正史」なるものに書き換えているのである。

日本の近世を大きく支配した徳川幕府権力の成立とて、その例外ではない。「主君への忠誠」を組織原理の中核となし、とくに朱子学を公式学問とした徳川幕府中期において、下剋上の戦国時代に横行した主殺し、とくに「本能寺の変」などは到底許されざる事件であった。したがってその首謀者・明智光秀は、極悪人として厳しく弾劾されるべきである。

ところが、「光秀天海」説の傍証となる数々を、当の天海僧正が派手に鏤《ちりば》めていった。そのため、いつしか「天海僧正は明智光秀の転生であった」ということが半ば公然と伝承されていった。江戸幕府は、この件に関してだいぶ手を焼いたらしい。

そこで幕府は、御用学者を総動員して一大プロジェクトチームを組み、「天海僧正＝明智光秀」説を躍起になって否定した。事実の隠蔽工作が始まったのだ。

かくして「本能寺の変」から百十一年後の元禄四年（一六九三）、迷作『明智軍記』が世に出たのである。

これは、俳聖・松尾芭蕉が「奥の細道」の旅程を終えた翌々年である。しかも作者不詳のベストセラーである。

『信長公記』や『川角太閤記』など様々な軍記物を参照して、歪曲と創作を交えながら、明智光秀を軍師・砲術の名人・築城の名人として過大に評価し正当化している。

『明智軍記』が最終的に目指したものは、繰り返しになるが、「天正十年六月に十四日早暁、「山崎の戦」で敗走した明智光秀が小栗栖《おぐるす》で農民の竹槍に刺されて、あえない最期を遂げた」（だから天海とは全く関連がない）、という事実を確実にするための『軍記物』ということである。

『明智軍記』出版八十六年後の安永八年（一七七九）に塙保己一《はなわほきいち》が『群書類従《ぐんしょるいじゅう》』の初版（六六六七冊）を編むわけだが、公的な性質上から『御湯殿の上の日記《おゆどのうえ》』などは掲載されただろうが、その後『続群書類従』等が暫時刊行されつつ、文政二年（一八一九）の正編完了辺りか、または『群書類従・補遺版』辺りに、やっと

『兼見卿記』や『言経卿記』も掲載されたことであろう。

もし私がこの時代に生存していて「小栗栖説」を糾すとしたら、『明智軍記』出版から約百三十年後になる次第である。

すなわちこの時点で「小栗栖説」の捏造を弾劾できたのであるが、未だに「明智光秀公終焉の地・小栗栖」として由緒碑が建立された観光地に、多くの歴史愛好家達が訪れては涙しているのである。

●結局歴史は、誰かが書き換えている

以上述べて来たように、「本能寺の変」を再度論証してみると、いかにも「結局歴史は、誰かが書き換えている」のである。歴史とは常に時の権力者が、己の都合の良いように歪曲偽装させ、かつ捏造させて、いつしか「正史」なるものに書き換えているのである。

「光秀天海」を考える時、「本能寺の変」を勃発させて光秀を奈落の底に墜とし込んだ「秀吉の陰謀」なくしては、到底成り立たないのである。

通史通り「本能寺の変」が本当に明智光秀の仕業であったとしたら、すべてが自業自得であり、秀吉を恨む筋合いなど毛頭ないはずである。しかも光秀は誠実心を人一倍持っている武将であったから、恐らく一生をかけて壊滅した家臣団、及び一族の冥福を祈って比叡山山麓に籠って果てたことであろう。

しかし、「秀吉の陰謀」があったから、光秀天海は雪冤《せつえん》すべく盟友・徳川家康と固い絆で結ばれ、共通の目的（豊臣家滅亡）達成のために邁進したのである。

「光秀天海」の希求したものは、於福（春日局）を通して、三代将軍家光に明智家の血脈が入った徳川家（明智家）の弥栄《いやさか》千年の夢物語実現に他ならないものと思う次第である。

「本能寺の変」における明智光秀は冤罪であって、すべて羽柴秀吉による謀叛である、と私は断言したい。

これは私が積みあげて来た実証史学の集積からの結論であって、折を見て是非とも拙著をご高読頂ければと思う。

一方「光秀天海」と言えば、実証史学の点では言いきれないものが多々あるが、天海僧正の動静の中に鏤《ちりば》められた傍証の数々を丹念にご想起いただければ、自ずと答えが見出されよう。

【補遺《ほい》】

この度の文庫版への改定にあたり、殊更愕《おどろ》いたことがある。

毎年六月十四日、大津市・西教寺で「光秀公法要遠忌《おんき》」が営まれるが、今年(二〇一九年)、その法要前に、地元坂本城膝下《しっか》にある「天台宗紫雲山《しうんざん》 聖衆来迎《しょうじゅらいこう》寺《じ》」を訪れた折のことである。

同寺には、「木造地蔵菩薩立像」を中央として左に「毘沙門天《びしゃもんてん》」、右に「不動《ふどう》明王《みょうおう》」が祀られており、寺側の説明に曰く、《天海僧正が「元愛宕山」に安置されていた「木造地蔵菩薩立像」を当寺に安置するように、という縁で当寺に居られる》旨、伺ったが、これが何とあの有名な「蘆山寺《ろざんじ》」(京都市上京区)に祀られてある、明智光秀の守護念持仏《ねんじぶつ》であった「地蔵菩薩」と大きさこそ違え瓜二つであり(同じ仏師の彫であろうか)、しかも左右の「毘沙門天」、「不動明王」の配置までそっくりなのを憶い出してただただ驚嘆したのである。これこそ天海僧正に転生した光秀が、かつて死線を超える数々の戦場で肌身離さず護持したあの念持仏「地蔵菩薩」を懐かしみ、「元愛宕山」に祀られていた「木造地蔵菩薩立像」を、ついには自分の聖地たる坂本の「来迎寺」に迎えたのであろう。

とにかく光秀生前の（否、光秀時代の）坂本に関わる天海僧正の傍証を数多く挙げて来たが、何故に天海僧正はかくも坂本に拘《こだわ》るのか……。

さらに「慈眼《じげん》」を採り上げても、光秀の位牌と黒塗りの木像が安置されている「慈眼寺」（京都府・周山町）を嚆矢《こうし》として、天海僧正も、三代将軍家光も、何故あれほど「慈眼寺」、「慈眼堂」にこれまた拘るのか。つまり会津高田出自の南光坊随風では有り得ないさまざまな傍証を鏤《ちりば》めている天海僧正の絡繰《からく》りを、我々は汲み取ってやらねばならない。

まさに、光秀は生きていたのである。

あとがき

　さてさて、何とか「光秀天海」を書き上げたわけだが、そしてカルチャーセンターなどでの講義を終えても、一様に各位が疑問視するのはやはり天海僧正の超高齢であろう。
　当時の平均年齢として、織田信長が愛誦した幸若舞《こうわかまい》の「敦盛《あつもり》」のように、

　人生五十年、下天《げてん》の内をくらぶれば夢幻のごとくなり
　一度生をうけ、滅せぬ者のあるべきか……

をつい想起しがちだが、そうではない。この「下天」とは、下層の天。とくに六欲天の下層の四天王を指すという。この四天王の一昼夜は、人間界の五十年に当たり、対比して人間の命のはかないことを表しているのであって、決して当時の平均寿命を言っているわけではないのだが、いみじくも織田信長の享年が四十

九歳だったために、真実性を帯びてしまう。

おそらく当時の平均寿命は、六十歳ぐらいだったのであろう。豊臣秀吉は六十二歳だった(もっとも秀吉は体質が薄弱な上に、後継者欲しさに数多の側室を抱えて精力を使い果たしてしまったのであろう)。

一方家康は七十五歳。念願の天下取りに雌伏何十年と本文でも述べたが、秀吉と同じく精力家でありながら、天下統一を目指して生き抜くことに必死で、薬草学研究家としても著しかった。とりわけ、天海僧正の食養訓を重視したと言われている。

戦国食文化研究家の永山久夫氏の「家康の普段の食事」を拝見すると、

・一の膳　麦めし・鰯の目刺し・芋の煮付け・牛蒡の煮付け・たくわん
・二の膳　鯖の味噌煮・鶏肉焼き・豆味噌(八丁味噌)

と、かなり理にかなった食卓で、永山氏は「家康・生涯現役のエネルギー源」と宣《のたま》うのである。

とにかく徳川家の天下統一まで生き抜く努力たるや凄《すさ》まじく、かつ涙ぐましいものであった。だが天下統一後、張りつめていた弓弦《ゆんづる》がプツンと切れてさしもの家康もわずか二年で薨《みまか》っている。

さて『徳川実記』に、「天海僧正の遷化は寛永二十年（一六四三）」とあるから、

随風天海の場合は天文五年（一五三六）生まれで一〇七歳

光秀天海の場合は享禄元年（一五二八）生まれで一一五歳

と、いずれも超高齢者になる。

そこで現代の「平均寿命」をもって、当時としてはとうていありえない。と言いたくなるが、そうとは言い切れない。

一昨年（二〇一七）、聖路加国際病院・名誉院長の日野原重明《ひのはらしげあき》氏が一〇五歳で亡くなられたばかりであるし、書家の篠田桃紅《しのだとうこう》氏も『一〇五歳、死ねないのも困るのよ』という奇妙な本を出して頑張って居られる。鹿児島県喜界町《きかいちょう》在住の田島ナビ氏は当時一一七歳と世界最高齢であられた。

さらに私事で大変恐縮であるが著者略歴でもお分かりのように、現在八十四歳でいまだに無病息災にして治療歴皆無である。しかも大東亜戦争突入の昭和十六年から剣道を始め、今も現役で稽古量も変わらず剣道・居合道の指導にあたっている。同学の稲門剣友会の芳根鋭蔵大先輩は、実に九十七歳まで現役を続けられていたのである。

つまり私も天海僧正の予備軍の一人でいまだに戦国時代さながら、週二回は合戦に出て戦っているのであるが、年齢的には大相撲の番付で言えば大横綱・天海僧正に比べれば、まだまだ序の口か序二段の褌担《ふんどしかつ》ぎに過ぎない。

だが寛永二十年九月十四日に春日局《かすがのつぼね》が享年六十五歳で没するや、翌月の十月朔日に、天海僧正も春日局の後を追うがごとく薨《みまか》っているのである。参勤交代などの新たな制度を加えて、三代将軍家光《いえみつ》の時代が盤石になったのを見届け、かつ可愛い孫娘さながらの春日局の訃報に接し、さしもの天海僧正も力尽きたのであろう。

とにかく「生きていた光秀」の真意を、本書の数ある傍証の中から感じ取っていただけたら幸甚である。また、本書の肉付けに貴重な資料や方位測量に携わってもらった、僚友の多田克己氏にも謝意を申し述べたい。

井上慶雪

(付記)「明智光秀公顕彰会」は光秀公の事績を正しく広く伝えることを目的として、毎年六月十四日に「光秀公の法要遠忌《おんき》」と「記念講演会」を行っています。(参加自由)

天台真盛宗総本山・西教寺内。「明智光秀公顕彰会」事務局　〇七七-五七八-〇〇一三

(アクセス・JR「京都駅」より「湖西線・比叡山坂本」駅下車後、バスかタクシー)

参考文献

『明智軍記』二木謙一校注（新人物往来社）
『信長公記』奥野高広・岩沢愿彦校注（角川ソフィア文庫）
『信長公記』現代訳・榊山 潤（ニュートンプレス）
『惟任退治記』（現代訳・金子 拓）『歴史読本』所載
『兼見卿記』第一（続群書類従完成会）
『兼見卿記』第二（続群書類従完成会）
『言経卿記』大日本古記録（岩波書店）
『多聞院日記』続史料大成（臨川書店）
『川角太閤記』現代訳・志村有弘（勉誠社）
『明智光秀』高柳光壽（吉川弘文館）
『本能寺の変・山崎の戦』高柳光壽（春秋社）
『明智光秀』谷口研語（洋泉社）
『明智光秀公顕彰会』刊行・諸史料（大津市・西教寺）
『山崎の合戦』大山崎町歴史資料館
『河原ノ者・非人・秀吉』服部英雄（山川出版社）
『織豊期主要人物居所集成』藤井譲治編（思文閣出版）
『戦国人名事典』阿部 猛・西村圭子編（新人物往来社）
『本能寺の変 秀吉の陰謀』井上慶雪（祥伝社黄金文庫）
『本能寺の変 88の謎』井上慶雪（祥伝社黄金文庫）

本書は、２０１８年2月、小社から単行本で刊行された『本能寺の変　生きていた光秀』を加筆・修正し、文庫化したものです。

本能寺の変　生きていた光秀

一〇〇字書評

切り取り線

購買動機（新聞、雑誌名を記入するか、あるいは○をつけてください）	
□（　　　　　　　　　　）の広告を見て	
□（　　　　　　　　　　）の書評を見て	
□ 知人のすすめで	□ タイトルに惹かれて
□ カバーが良かったから	□ 内容が面白そうだから
□ 好きな作家だから	□ 好きな分野の本だから

・最近、最も感銘を受けた作品名をお書き下さい

・あなたのお好きな作家名をお書き下さい

・その他、ご要望がありましたらお書き下さい

住所	〒				
氏名		職業		年齢	
Eメール	※携帯には配信できません	新刊情報等のメール配信を 希望する・しない			

この本の感想を、編集部までお寄せいただけたらありがたく存じます。今後の企画の参考にさせていただきます。Eメールでも結構です。

いただいた「一〇〇字書評」は、新聞・雑誌等に紹介させていただくことがあります。その場合はお礼として特製図書カードを差し上げます。

前ページの原稿用紙に書評をお書きの上、切り取り、左記までお送り下さい。宛先の住所は不要です。

なお、ご記入いただいたお名前、ご住所等は、書評紹介の事前了解、謝礼のお届けのためだけに利用し、そのほかの目的のために利用することはありません。

〒一〇一－八七〇一
祥伝社文庫編集長　坂口芳和
電話　〇三（三二六五）二〇八〇

祥伝社ホームページの「ブックレビュー」からも、書き込めます。
www.shodensha.co.jp/bookreview

祥伝社文庫

本能寺《ほんのうじ》の変《へん》　生《い》きていた光秀《みつひで》

令和 元 年 12 月 20 日　初版第 1 刷発行
令和 2 年 2 月 15 日　　　第 2 刷発行

著　者　井上慶雪《いのうえけいせつ》

発行者　辻 浩明

発行所　祥伝社《しょうでんしゃ》
〒101－8701
東京都千代田区神田神保町 3－3
電話　03（3265）2084（編集部）
電話　03（3265）2081（販売部）
電話　03（3265）3622（業務部）
http://www.shodensha.co.jp/

印刷所　堀内印刷

製本所　ナショナル製本

Printed in Japan　©2019, Keisetsu Inoue　ISBN978-4-396-31773-7 C0195

祥伝社文庫の好評既刊

井上慶雪
本能寺の変　88の謎
実証史学に裏付けされた、陰謀の謎の数々。今、ここで白日の下に晒され、新たな歴史が始まる！　黄金文庫

井上慶雪
本能寺の変　秀吉の陰謀
明智軍が本能寺に着いた時、すでに……。秀吉が信長を裏切り、光秀に濡れ衣を着せた理由は？　衝撃の書。　黄金文庫

加治将一
龍馬《りようま》の黒幕
明治維新と英国諜報部、そしてフリーメーソン

明治維新の英雄・坂本《さかもと》龍馬を動かしたのは「世界最大の秘密結社」フリーメーソンだったのか？

加治将一
舞い降りた天皇《すめろぎ》 上
初代天皇「X」は、どこから来たのか

天孫降臨を発明した者の正体は⁉「邪馬台国」「天皇」はどこから来た？日本誕生の謎を解く古代史ロマン！

加治将一
舞い降りた天皇 下
初代天皇「X」は、どこから来たのか

卑弥呼の墓はここだ！　神武東征、三種の神器の本当の意味とは？　隠された日本古代史の秘密を暴く。

加治将一
西郷の貌《かお》
新発見の古写真が暴いた明治政府の偽造史

あの顔は、本物じゃない⁉　合成の肖像や銅像を造ってまで偽のイメージを植えつけようとした真の理由とは？